Marco Meyer

Effizienzhülsen

Wie wir unser Lebensglück gefährden
- und wie wir es bewahren

- Reihe Philosophische Ästhetik 1 -

Bibliografische Information der Deutschen Nationalbibliothek:
Die Deutsche Nationalbibliothek verzeichnet diese Publikation in der
Deutschen Nationalbibliografie; detaillierte bibliografische Daten sind
im Internet über http://dnb.dnb.de abrufbar.
© 2020 Marco Meyer
Herstellung und Verlag: BoD – Books on Demand, Norderstedt
ISBN: 978-3-7519-7028-0

Inhalt

Nur Toren wandeln wahnbetört,
Dass ihnen werde Lohn zuteil,
Die Weisen handeln frei von Hang
Allein nur für der Menschheit heil.
(Bhagavadgita, Dritter Gesang[1])

Einleitung

Wieso ist unsere Gesellschaft heute so gespalten? Warum empfinden augenscheinlich so viele Menschen Angst vor einer angeblich drohenden „Islamisierung", während Andere die Ereignisse des Flüchtlingszuzugs eher als Ausdruck mitmenschlichen Handelns positiv bewerten? Weshalb zieht die Frage nach den richtigen Maßnahmen, um dem drohenden Klimawandel zu begegnen, ja sogar die Frage danach, ob es diesen Klimawandel tatsächlich gibt oder ob er durch den Menschen verursacht ist, so tiefe Gräben in die Gesellschaft? Warum stehen sich also in diesen und unzähligen anderen wichtigen gesellschaftlichen Debatten die Meinungslager zunehmend feindselig, aggressiv und unversöhnlich gegenüber?

Diese Fragen berühren zwei elementare menschliche Fähigkeiten: *Verstehen* und *Handeln*. Genauer gesagt, geht es, erstens, um die Beurteilung von Sachverhalten (sowie, darauf aufbauend, der gedanklichen Konstruktion einer möglichst objektiven *Wahrheit*). Zweitens geht es um die Diskussionskultur und den kommunikativen Austausch über diese Sachverhalte. Beide Themenkomplexe können aus

9

den unterschiedlichsten Blickwinkeln betrachtet werden und Gegenstand verschiedener Wissenschaften sein; so könnten die kognitiven Fähigkeiten der Informationsverarbeitung und des Verstehens beispielsweise individualpsychologisch analysiert werden, oder es könnten gruppenspezifische Verhaltensweisen in einer soziologischen Betrachtung untersucht werden. Beide Themenkomplexe sind aber auch typische Gegenstandsbereiche verschiedener philosophischer Disziplinen: so fragt etwa die Erkenntnistheorie nach den spezifisch menschlichen Fähigkeiten in Hinblick auf Wahrnehmung und Verstehen. Die Thematisierung der Kommunikationsprozesse führt uns dann eher in die praktische Philosophie, genauer: in die Ethik, die sich ganz grundsätzlich mit Verhaltens- und Kommunikationsnormen zwischen Menschen beschäftigt.

Allein: solche wissenschaftsspezifischen Betrachtungen einzelner Aspekte in wissenschaftlichen (Teil-) Disziplinen sind bereits Ausdruck des Effizienzdenkens, um das es in diesem Buch gehen soll, denn allzu oft erweckt Wissenschaft den Eindruck, effiziente und praktische Lösungen für komplexe Probleme anzubieten, die aber den Kompetenzbereich der eigenen Disziplin überschreiten. Wenn zum Beispiel Wissenschaftler derzeit untersuchen, ob das Freisetzen von Schwefeldioxid in der Atmosphäre eine Möglichkeit sein könnte, Sonnenlicht abzuschirmen und damit die Klimaerwärmung einzudämmen, dann kommt darin eine Technikgläubigkeit zum Ausdruck, die davon ausgeht, dass jede schädliche Auswirkung menschengemachter Eingriffe in die Natur durch einen weiteren technischen Eingriff korrigiert werden könne. Doch schafft nicht jede solcher Lösungen neue Probleme, so dass es höchstens Scheinlösungen sind? - Der Neurologe und Psychiater Viktor Frankl kritisierte bereits 1965 den Hang der modernen Wissenschaften, auf Grundlage der begrenzten Erkenntnisse der eigenen Disziplin und aus deren spezialisierten Blickwinkel heraus generalisierende Antworten auf komplexe Fragestellungen geben zu wollen.[2] Letztlich muss jede

Wissenschaft aber im Rahmen der ihr inhärenten Gesetzlichkeiten und Erklärungsmodelle verankert bleiben und kann schwerlich komplexe Erklärungen liefern, die die vielen Einzelaspekte individuellen und gesellschaftlichen Handelns in einen stimmigen Gesamtzusammenhang stellt.

Seit dem ausgehenden 18. Jahrhundert wurden unter dem Begriff *philosophische Ästhetik* immer wieder Vorschläge gemacht, wie die komplexen Wirkungszusammenhänge des menschlichen Lebens als Ganzes, sozusagen als Gebilde von naturgesetzlichen und sozial-gesellschaftlichen Wechselwirkungen, betrachtet werden können. Man könnte auch sagen: wenn hochspezialisierte Einzelwissenschaften zu abstrakt und modellhaft sind, um das wirkliche Leben zu erklären, dann soll eine *ästhetische Wahrnehmung* dem Menschen wieder eine Perspektive auf übergeordnete Sinnzusammenhänge eröffnen.

In diesem Buch gehe ich von der Grundannahme aus, dass uns heute die Fähigkeit der ästhetischen Wahrnehmung mehr und mehr verloren geht, und dass die voranschreitende Radikalisierung der Gesellschaft eine unmittelbare Wirkung dieser fortschreitenden *An-Ästhetisierung* ist. Diese Tendenz zur An-Ästhetisierung, auf die bereits andere Autoren wie zum Beispiel Wolfgang Welsch hingewiesen haben[3], wird in Kapitel 8, Effizienzhülsen, skizziert. Mir geht es dann aber um einen weiterführenden Aspekt dieser Entwicklung: im Fokus soll die Wechselwirkung von *An-Ästhetik* und *Effizienz* gehen. Ja, mehr noch: ich möchte zeigen, dass An-Ästhetik und Effizienz zwei Seiten derselben Medaille, und somit untrennbar miteinander verbunden sind. Die zentrale These dieses Buches lautet, dass an die Stelle einer Ästhetik, die dem Menschen ethische Sinnzusammenhänge aufzeigt, eine An-Ästhetik getreten ist, die nicht mehr das ganzheitliche Sein des Menschen schützt, sondern nur noch dessen effizientes Funktionieren: erfülltes Menschsein wird ausgehöhlt, und an dessen Stelle bleibt bloß eine leere *Effizienzhülse* zurück, die zwar effizient agieren kann, aber über kein ethisches Wertesystem mehr verfügt. Letzteres aber wäre grundlegend für einen harmonischen gesellschaftlichen Austausch, der auf gegenseitigem Respekt und der Offenheit für die Argumente Anderer basiert; grundlegend aber auch für die Ausgeglichenheit und das Sinnempfinden jeder und jedes Einzelnen überhaupt.

Effizienzdenken, Radikalisierung und der Verlust der Fähigkeit zu sinnhaftem Erleben gehen also Hand in Hand, und die große Gefahr liegt in der Entwicklung, dass unsere Alltagswelt mehr und mehr von dem Effizienzparadigma wie von einem Naturgesetz bestimmt wird. – Mein Berufsleben begann mit einer kaufmännischen Ausbildung. Aufgewachsen im kleinbürgerlichen Milieu, boten meine Eltern all Ihre Überzeugungskraft auf, um ihrem Sohn die Nützlichkeit einer soliden Bürotätigkeit für ein finanziell abgesichertes Leben aufzuzeigen. Aus meiner damaligen Zeit in der Berufsschule ist mir die Aussage eines Lehrers im Unterrichtsfach „Rechnungswesen" noch lebhaft in Erinnerung: im lehrplanmäßigen Versuch, uns wirtschaftlichen Neulingen die Grundlagen profitorientierten Handelns nahezubringen, führte er aus, dass ein Wirtschaftsunternehmen, das so mit Geld umgehen würde wie der durchschnittliche Privatmensch, innerhalb kürzester Zeit bankrott wäre. - Die Stoßrichtung war klar: auf Nutzenmaximierung ausgerichtetes Denken ist notwendig und vernünftig, und dieses Prinzip gilt selbstverständlich auch für jeden Menschen, der (nur!) auf der Grundlage solchen Denkens dauerhaft ein gutes Leben wird führen können.

Diese Gedankenergüsse aus dem Munde eines Lehrers, der mit dem Aufzeigen der Relevanz des zu vermittelnden Stoffes auch für das private Leben vielleicht nur unsere Lernmotivation anfachen wollte, machte wohl auf nicht wenige von uns Berufsschülern einen erheblichen Eindruck: sieh' einer an, wie leichtfertig waren wir doch bislang mit Geld umgegangen, wie naiv waren unsere ersten Gehversuche im Erwachsenenleben in Bezug auf unsere Finanzen, wie fahrlässig, Geld zu sparen ohne nach der optimalen Balance aus Verzinsungsmaximierung und Risikominimierung zu suchen.

Vielleicht hätte uns Berufsschüler der Schiller'sche Hinweis auf die Natur des Löwen, der, von der Jagd gesättigt, die Wüste „mit muthvollem Gebrüll erfüllt"[4] anstatt noch mehr zu jagen und sich einen Vorrat anzulegen und seinen Ertrag zu maximieren, genauso beeindruckt – und zugleich irritiert.

Solche Irritationen sollen, geht es nach den führenden Vertretern der neoliberalen Agenda, auch schon Schülern der allgemeinbildenden Schulen nach Möglichkeit erspart bleiben. Gerade das junge, formbare Denken soll wirtschaftliche Prinzipen gleich den Naturgesetzen verinnerlichen. Dass diese „Bildung" mehr im Interesse von Wirtschaftsverbänden als in dem der Schüler liegt, offenbart schon die Tatsache, dass erstere seit Langem ein Unterrichtsfach Wirtschaft als Pflichtfach an allgemeinbildenden Schulen fordern, wie zum Beispiel die FDP es in Nordrhein-Westfalen auch einführen will.[5] Dabei aber geht es um mehr als den vermeintlich richtigen Umgang mit Geld. Im Mittelpunkt stehen beim Effizienzdenken genauso persönliche Ressourcen materieller wie immaterieller Art, und zwar nicht nur die eigenen, sondern die eines jeden Menschen. Letztlich geht es darum, Können und Handeln an Zweckmaßstäben auszurichten, damit aber auch den Menschen überhaupt unter *Effizienzgesichtspunkten* zu beurteilen.

Lebenslange Effizienz bedeutet: ständige Lernbereitschaft, um sich an geänderte berufliche Anforderungen anzupassen; Stützung der Wirtschaft durch Konsum bei gleichzeitig möglichst hoher Sparquote als Altersvorsorge; regelmäßiger Sport und gesunde Lebensweise zur Aufrechterhaltung beruflicher Leistungsfähigkeit; und dergleichen mehr. Und all diese Forderungen soll das mündige Individuum bitte nicht als interessengeleitete Bevormundung erkennen, sondern als Ausdruck einer eigenverantwortlichen Freiheit verinnerlichen – und bejahen.

Diese eigenverantwortete Freiheit lockt den effizienten Menschen mit großzügiger Belohnung: sogenannten Leistungsträgern wird die höchste Gratifikation in Aussicht gestellt, die unsere Gesellschaft zu vergeben hat: ein hohes Einkommen und alle damit verbundenen Annehmlichkeiten wie unbeschwerter Konsum, Wohnen in bevorzugtem Umfeld, Mode und Automobile die einen elitären Status symbolisieren sollen, sorgenfreie Zukunftsplanung durch finanzielle Spielräume zur Altersvorsorge und so weiter.

Aber die Effizienz-Orientierung fordert vom Einzelnen einen hohen Preis: der Mensch sieht sich mit immer höheren Anforderungen an seine fachliche und persönliche Qualifikation konfrontiert. Außerdem ist er einem ständig zunehmenden Konkurrenzkampf ausgesetzt und muss räumlich und beruflich flexibel sein. Wer in diesem Leistungsdruck versagt, wird in einem sozialen Netz (auf-) gefangen, das immer unzureichendere Leistungen auf eine immer demütigendere Art und Weise zuteilt. Die Folge sind nicht selten Depressionen oder andere psychische Erkrankungen, die sich aus dem Druck des sozialen und kulturellen Ausgeschlossenseins ergeben. – Den Leistungsträgern geht es oft nicht viel besser: ihr Bankkonto mag besser gefüllt sein, aber ständiger Konkurrenzkampf und Leistungsdruck lassen die Zahl psychischer Erkrankungen seit Jahren zunehmen.

Die gesamtgesellschaftlichen Folgen sind gravierend: Umweltzerstörung und Klimawandel durch stetig zunehmenden Konsum und steigende Produktion, Kriege zur Sicherung von Macht und Zugriff auf Ressourcen, Wegbrechen der gesellschaftlichen Solidarität, Zunahme internationaler Flüchtlingsbewegungen aufgrund extremer Ungleichverteilung von Chancen und materieller Versorgung. Alle diese Folgen unserer Lebensweise gereichen der Gesellschaft und jeder und jedem Einzelnen am Ende zum Nachteil.

Und dennoch schreiten wir auf diesem Weg mit großen Schritten voran. Längst sind Leistungsbereitschaft und Eigenverantwortung gleichsam zur zweiten Natur des Menschen geworden, und wer beides auch nur vorsichtig hinterfragt, den straft der gesellschaftspolitische Diskurs mit Sozialismusverdacht oder dem Vorwurf der Hängemattenmentalität. Folgerichtig ist Kritik an den herrschenden Umständen inzwischen genau dann salonfähig, wenn sie gesellschaftliche Mechanismen und Machtverteilung gerade nicht grundsätzlich hinterfragt, sondern Debatten um Scheinprobleme anzettelt. Schuld an sämtlichen Missständen sind dann die arbeitsscheuen Sozialleistungsempfänger oder inzwischen die Flüchtlinge, die sich nicht integrieren wollen und für die Gesellschaft bloße Kostenpositionen sind. Die Indoktrination des Effizienzdenkens trägt ihre Früchte: das Erstarken der Rechtspopulisten mit ihren vermeintlich einfachen Lösungen und dem geschürten Hass auf Minderheiten und Andersdenkende.

Ulf Poschardt schrieb in der Online-Ausgabe der „Welt": „In den USA ist jedes Kind, das dort geboren wird, Amerikaner. Und das ist gut so. Weil die USA dann ihre Schmelztiegel-Pragmatik wirken lassen können. Das ist weniger Theorie als Praxis. Mit Fahnen, Hymnen, Militärdienst und einem unerbittlichen Kapitalismus, der zur Teilnahme an der Marktwirtschaft zwingt, was automatisch Kontakt und Austausch bedeutet."[6] – Zynischer, eindeutiger, und zugleich verklausulierter kann man kaum formulieren, worum es der neoliberalen Agenda heute geht: ein Mensch gilt dann als integriert, *gut* und nützlich für die Gesellschaft, wenn der „unerbittliche Kapitalismus" ihn unterwerfen kann: nicht das Wohlergehen des Menschen steht im Mittelpunkt; es wird nicht die Frage gestellt: wie können wir die Gesellschaft so gestalten, dass jede und jeder Einzelne einen Sinn und Platz darin für sich selber sieht. Vielmehr ist die Stoßrichtung klar: der Mensch als solcher muss im Sinne des Systems *nutzbar* gemacht werden: als billige Arbeitskraft oder willfähriger militärischer Vollstrecker. „Fahnen, Hymnen, Militärdienst, unerbittlicher Kapitalismus": all das, was dem *Menschsein* (ich komme im Folgenden ausführlich auf diesen Begriff zu sprechen) widerspricht und entgegenwirkt, weil es den Menschen zum Zweck degradiert und in

Nationen teilt, wird hier in sein Gegenteil verkehrt und als gut und erstrebenswert dargestellt.

Die Frage ist, weshalb solche Botschaften bei vielen Menschen verfangen. Es erscheint absurd, der Aussicht auf Unterwerfung unter den „unerbitterlichen Kapitalismus" etwas Positives abzugewinnen. Tatsächlich ist aber zumindest der abgeschwächtere Begriff der Marktwirtschaft zumeist positiv besetzt. Ist das ausschließlich durch die oben angesprochene in Aussicht gestellte finanzielle Gratifikation erklärbar? – Die Wahrheit ist wohl komplexer. Relevant mag vor allem die Assoziation von Marktwirtschaft und Kapitalismus mit *Freiheit* sein, die wesentlich aus der Abgrenzung von sozialistischen Systemen resultiert, in denen Menschen augenscheinlich weniger Freiheitsrechte hatten oder haben.

Nun soll es hier nicht um eine gesellschaftstheoretische Untersuchung von Kapitalismus oder Sozialismus gehen. Dass sich Demokratien in Autokratien verwandeln, und dass auch hierzulande Freiheitsrechte immer mehr eingeschränkt werden, zeigt schon, dass weder Kapitalismus noch Sozialismus per se Garanten für Freiheit sind. Vielmehr machen aktuelle Entwicklungen nur zu deutlich, dass sich Freiheit abnutzt, wenn sie nicht genutzt wird. Doch wie nutzt man Freiheit? – Hier komme ich zurück auf die beiden eingangs genannten elementaren menschlichen Fähigkeiten: Verstehen und Handeln. Denn die erste Voraussetzung für einen adäquaten Umgang mit Freiheit ist es, sich über den Inhalt dieses Begriffs klar zu werden, ihn zu verstehen. (Erst) dann kann man sich mit der Frage beschäftigen, wie wir als Menschen im Angesicht dieser Freiheitsperspektive handeln sollten. Philosophisch ausgedrückt, geht es bei dieser letzteren Fragestellung um das „Worumwillen" menschlichen Handelns: das letztliche Ziel, auf das all unser Tun hinsteuert und ausgerichtet ist.

Worum es in diesem Buch gehen soll, ist also die höchst individuelle Perspektive: was bedeutet Freiheit für *mich*, und welche ethischen Implikationen sind daraus für *mein* Handeln ableitbar?

Diesen Fragen möchte ich in drei großen Abschnitten nachgehen. Im ersten Teil, *Menschsein*, sollen grundlegende ethische Konzepte seit der Antike skizziert werden. Die antike Philosophie stellte nicht nur theoretische Fragen nach dem Sein und der Erkennbarkeit der Dinge, sondern sie war zugleich Psychologie, welche sich als eigenständige Disziplin erst im 19. Jahrhundert von der Philosophie trennte. Insofern war es die Philosophie, die in ethischen Konzepten das individuelle menschliche Handeln wie auch die Interaktion der Menschen untereinander in der Gesellschaft untersuchte. Unter dem Schlagwort *Menschsein* möchte ich daher ein grundlegendes Verständnis dafür eröffnen, was das menschliche Sein als solches - das heißt seine Freiheit, sein Worumwillen und sein Glück - für die Menschen in der Antike und im Mittelalter eigentlich ausmachte.

Der Titel des zweiten Hauptabschnitts, *Menschwerden*, der die Epoche von der frühen Neuzeit bis in das 19. Jahrhundert hinein umfasst, deutet schon an, dass es in dieser Epoche zu einem Bruch des Menschseins kam, das es also wiederherzustellen galt. Traditionelle familiäre und religiöse Bezüge gingen verloren zugunsten eines neuen, wissenschaftlich fundierten Freiheitsbegriffs. Damit gingen aber auch Sinnbezüge des Menschen verloren, und das Individuum sah sich mit unterschiedlichsten Erwartungen an sein Worumwillen konfrontiert: für Selbstoptimierung und -bereicherung ließ sich genauso rational argumentieren wie für die Auflehnung gegen bestehende Machtverhältnisse. Das Individuum schwankte zwischen praktischer Knechtschaft und ideologischer Freiheitsforderung. Im späteren Verlauf dieser Entwicklung kamen dann die schon angesprochenen ästhetischen Konzepte auf, die dem menschlichen Handeln und Zusammenhalt wieder Kontur geben, dem zerbrochenen Menschsein wieder ein Menschwerden ermöglichen wollten.

Schließlich möchte ich, auf der Grundlage der vorangegangenen epochalen Skizze, im dritten Abschnitt, *Effizienzhülsen*, die Moderne betrachten. Für unsere Epoche gilt in noch stärkerem Maße, was schon seit dem Bruch in der frühen Neuzeit galt: religiöse und andere traditionelle Sinnbezüge sind einem rationalen Denken, vielleicht für immer, gewichen. Allerdings vollzieht sich derzeit leise und unbemerkt der zweite, oben schon angesprochene Bruch: nach dem Wegfall traditioneller Sinnbezüge, handelt es sich heute um einen Bruch in der ästhetischen Wahrnehmung. Diese wandelt sich zu einer An-Ästhetik, die eine ganzheitlich *menschliche* Sicht auf das Menschsein zerstört, und nur noch miteinander konkurrierende, sinnentleerte Effizienzhülsen dort zurücklässt, wo einmal Menschen miteinander agierten, die allein aufgrund ihres Menschseins Gleichberechtigung und gegenseitigen Respekt zumindest im Horizont einer Idealvorstellung sahen.

Friedrich Hebbel schrieb 1840: „Es giebt Leute, die, wenn sie am Meer stehen, nur die Schiffe sehen, die darauf segeln, und auf den Schiffen nur die Waaren, die sie geladen haben."[7] Dieser Satz macht nicht nur die typische, am Effizienzdenken orientierte Sichtweise anschaulich, sondern er bringt gleichzeitig zum Ausdruck, welchen Verlust an Reichtum in der Wahrnehmung und an Lebensfreude wir erleiden, wenn wir eine verschwenderische, erfüllende und leidenschaftliche Sicht auf die Dinge, mit einem Wort: die Fähigkeit zur ästhetischen Wahrnehmung, verlieren. In diesem Sinne sollen die folgenden Seiten auf den Weg zu eben solcher ästhetischen Wahrnehmung zurück führen.

I MENSCHSEIN

Antike -
Menschsein und menschliches Glück

Ein Piniensamen, der sich vom Zapfen löst und vom Wind getragen an einem geeigneten Standort niedergeht, wird dort bei günstigen Entwicklungsbedingungen anfangen zu keimen. Je nach Jahreszeit und Umgebungsbeschaffenheit wird möglicherweise eine Samenruhe vorausgehen: der Lebenstrieb lässt den Samen selbst erkennen, wann der richtige Zeitpunkt gekommen ist. Erst wenn zum Beispiel das Frühjahr begonnen hat, mit länger anhaltendem Temperaturminimum, wird er den Keimungs- und Wachstumsprozess mit der Entwicklung zum Spross beginnen. Der Spross wird zur Pinie heranwachsen, die versuchen wird, sich gegen alle widrigen Witterungseinflüsse standhaft zu zeigen. Die mögliche Wachstumsverzögerung durch die Samenruhe, die pflanzlichen Anpassungsstrategien an die Umgebungsbedingungen: dies alles sind elementare Lebensfunktionen, und natürlich keine bewussten Entscheidungen für oder gegen das Wachstum zu einem bestimmten Zeitpunkt. – Auch der Drohn, die männliche Honigbiene, kann sein Handeln nicht in Frage stellen: genetisch programmiert, muss er nach seiner Geschlechtsreife ausschwärmen, um dann beim Hochzeitsflug mit einer Königin zunächst seinen Penis, und dann sein Leben zu verlieren. Genau so, wie das Eichhörnchen Nüsse als Futtervorrat vergraben muss, auch wenn es einen Teil davon nie wiederfinden wird. Es sind elementare Funktionen bzw. Instinkte, die die Pflanzen- und Tierwelt steuern: die Lebensprozesse sind beiden eine unhinterfragbare Selbstverständlichkeit.

Was den Menschen von allen anderen Lebewesen elementar unterscheidet, ist sein *Können*: und zwar nicht das Können im Sinne von

Fähigkeiten, indem er etwa das Rad erfinden, Atome spalten, Computer programmieren oder musikalische Werke von betörender Schönheit erschaffen kann. Grundlegender ist das menschliche Können, *nicht zu können*, mit einem Wort: seine Freiheit, zu entscheiden. Die *Freiheit* wird somit zur zentralen Größe einer philosophischen Betrachtung der menschlichen Existenz, und es ist, wie wir sehen werden, ein folgenschweres Missverständnis unserer Zeit, dass menschliche Freiheit damit gleichbedeutend sei, einfach die eigenen Interessen in einem größtmöglichen Umfang zu verfolgen. Umwelt und Gesellschaft geben uns Rahmenbedingungen vor, und Beschränkungen, die sich aus diesem Rahmen ergeben, sind eben *keine* Freiheitsbeschränkungen, vielmehr sind sie gerade Teil dieser Freiheit, gleichsam *Freiheitsbedingungen.* - Wollten wir einen Piniensamen als frei bezeichnen, so bräuchte er dafür nur die Fähigkeit, sich bewusst für oder gegen das Keimen an dem Ort, an den der Wind ihn trug, zu entscheiden, und damit wäre seine Freiheit bereits hinreichend begründet; wir würden für seinen Freiheitsbegriff doch nicht auch noch verlangen, dass er mit Flügeln ausgestattet wäre und die Fähigkeit hätte, aus eigener Kraft an einen anderen Ort zu fliegen.

Wir erkennen damit die strukturell einfache Entscheidung zwischen Dafür und Dagegen, zwischen Ja und Nein, als grundlegende Struktur menschlicher Entscheidungen, auf die sich der gesamte Kosmos menschlicher Freiheit zurückführen lässt. (Interessanterweise hat der Mensch eine Computertechnologie erfunden, die unser Leben bereits bahnbrechend verändert hat, und unaufhaltbar noch weiter verändern wird, und die auf genau diesem binären System aus Ja und Nein, aus Eins und Null, aufbaut.) Unser Freiheitskosmos fußt also auf einem Könnenbewusstsein genauso wie auf einem Nichtkönnenbewusstsein: wir wissen um unsere Entscheidungsfreiheit im Handeln, wissen aber auch um deren Grenzen, die sich aus unserer physischen Konstitution, unseren mentalen Möglichkeiten und dem gesellschaftlichen Zusammenleben ergeben. Erst dass darüber hinaus jede Entscheidung für eine Alternative immer auch eine Entscheidung gegen unzählige andere Möglichkeiten ist, das macht das (philosophische) Nachdenken über menschliches Handeln zu einer so komplexen Angelegenheit, denn indem der Mensch *kann*, nicht *muss*, obliegt es seiner eigenen Entscheidung, ob er – um beim Beispiel des Baumsamens zu bleiben und im Gegensatz zu diesem – an einem bestimmten Ort gleichsam Wurzeln schlägt oder nicht. Und er wird diese Entscheidung abhängig machen (müssen) von zahlreichen anderen, die er zu treffen hat: mit welcher Art von Menschen möchte man sich umgeben, welchen Stellenwert sollen Karriere und Geld im Leben haben (was sich wiederum unmittelbar auf die Wohnmöglichkeiten auswirkt), möchte man Kinder, und wenn ja, sollen diese in einem konservativen oder progressiven Umfeld aufwachsen, möchte man „nur" wohnen oder auch repräsentieren, etc. etc.

Damit ist der Rahmen für ein philosophisches Nachdenken darüber, was das Menschsein ausmacht, abgesteckt: es geht um die Frage nach einer Lebensführung, die Aspekte artspezifischer und individueller Dispositionen mit Fragestellungen gesellschaftlichen Zusammenlebens zusammenführt. Dies vor dem Hintergrund eines Können- und Nichtkönnenbewusstseins, das es dem Menschen ermöglicht, freie Entscheidungen zu treffen, oder besser, um es mit Sartre zu sagen: das den Menschen dazu verdammt, frei zu sein, denn es ist ihm eben nicht möglich, *keine* Entscheidungen hinsichtlich seiner Lebensführung zu treffen. Selbst ein völlig passives Vor-Sich-Hin-Leben wäre gleichbedeutend mit einer unablässigen Folge von Entscheidungen gegen die aktive Gestaltung des eigenen Lebens.

Im fünften und vierten vorchristlichen Jahrhundert setzt sich im griechischen Einflussbereich ein Denken durch, dass die Frage nach wahrem Wissen, aber auch die Frage nach Sinn und Werten und damit nach der richtigen Lebensführung in den Mittelpunkt stellt. Es ist Sokrates, geboren 469 v. Chr. in Athen, der durch konsequentes

24

kritisches Hinterfragen allgemeingültiger Ansichten die Ablösung der Vorherrschaft sophistischen Denkens durch eine wahrheitssuchende Philosophie einleitet.

Die Sophisten hatten den Menschen in den Mittelpunkt einer Philosophie gerückt, die sich bis dahin eher theoretisch-mystischen Themen gewidmet hatte. Das sophistische Interesse hingegen galt vor allem der menschlichen Tüchtigkeit im Sinne einer erfolgreichen Teilnahme am gesellschaftlichen Leben. So galt ihnen die Redekunst als wichtigste Fähigkeit des Menschen, denn durch sie sei es möglich, Andere zu überzeugen und sich somit in der politischen oder Gerichtsrede erfolgreich durchzusetzen. Der Rhetoriklehrer Gorgias von Leontinoi verglich die Redekunst mit einem Gift, das sowohl verzaubern als auch töten könne, und Sokrates gerät mit dem Gorgias in eine Diskussion um die Frage, ob die Redekunst tatsächlich ein für den Menschen in so hohem Maße wertvolles Können sei. Dieser „Gorgias" betitelte Dialog des Sokrates wurde von dessen Schüler Platon niedergeschrieben. Sokrates selbst hat überhaupt keine schriftlichen Aufzeichnungen hinterlassen, und insofern mag „Gorgias" gleich sämtlichen platonischen Dialogen, die Gespräche des Sokrates wiedergeben, ebensoviel platonisches wie sokratisches Denken beinhalten. In jedem Fall führt uns der „Gorgias" zu wichtigen Erkenntnissen über die Ansichten bezüglich des Menschseins in der antiken Philosophie. Denn die Diskussion zwischen Sokrates und dem Rhetoriker Gorgias sowie dessen Schülern Polos und Kallikles, dreht sich nur vordergründig um die Frage nach dem Stellenwert der Redekunst. Dahinter steht vielmehr die Frage nach der richtigen Lebensführung: welche Entscheidungen sollten wir treffen vor dem Hintergrund persönlicher und gattungsspezifischer Möglichkeiten und Beschränkungen, kurz: es geht um die rationale Beurteilung von möglichen Zielen und Verhaltensweisen, in letzter Konsequenz: um die höchsten Ziele, die wir in unserem Leben verfolgen, oder, um es mit

Platon zu sagen: um die Frage nach dem „Worumwillen" allen menschlichen Handelns.

Die Begründungen der antiken Rhetoriker für den hohen Stellenwert der Redekunst verliefen entlang einer Argumentationslinie, die Parallelen zur heutigen gesellschaftspolitischen Trennungslinie zwischen ökonomischem Liberalismus und eher ordnungspolitisch orientierten Ökonomiemodellen aufweist: die Redekunst diene der Überzeugung Anderer, und wer Andere überzeugt, kann seine Ziele durchsetzen, einen möglichst großen Anteil an zu verteilenden materiellen Werten für sich gewinnen, seinen Machtbereich ausweiten. Dabei sahen sich die Rhetoriker durch die vorherrschende Meinung im Volke bestätigt, dass es im Zweifel besser ist, mehr zu besitzen, als ein übertrieben rechtschaffenes Leben zu führen; wer daher auf die Einhaltung von Gesetzen poche, die für einen gerechten Ausgleich zwischen Starken und Schwachen sorgen sollen, der tue dies vor allem aus eigener Schwäche und also um zu verhindern, von den Stärkeren übervorteilt zu werden.

Wir erkennen in dieser Argumentationslinie ganz direkt eine Einstellung wieder, die sich heute in der neoliberalen Erzählung von den „Leistungsträgern" durchsetzt: wer deutlich mehr leiste, der müsse auch deutlich mehr bekommen, dürfe also nicht übermäßig durch Steuern und Abgaben belastet werden. - Dass eine solche Argumentation in direkter Tradition sophistischer Scheinargumente steht, wird spätestens deutlich, wenn ihr noch der Anschein der Gemeinnützigkeit gegeben wird, indem man hinzufügt, der Leistungsträger tue ja Gutes für die Gesellschaft, indem er etwa Arbeitsplätze schaffe; dieses Argument aber führt die Argumentation ad absurdum: denn wenn der Gemeinnutzen (zum Beispiel Arbeitsplatzschaffung) implizit als das Gute definiert wird, kann zugleich eigentlich nicht mehr begründet werden, wieso denn gerade die Maximierung des persönlichen Nutzens, des *Angenehmen*, als erstrebens- und schützenswert verteidigt wird, und das *eigentlich* erstrebenswerte gemeinnützige *Gute* nur gleichsam als Nebenprodukt abfallen solle.

Diese Unterscheidung zwischen dem Guten und dem Angenehmen oder Lustvollen, zwischen Gemeinwohl und persönlichem Nutzen, wurde schon von den antiken Sophisten rhetorisch nivelliert. - Sokrates baut seine Argumentation dagegen auf dieser Unterscheidung auf, und er stellt in Zweifel, dass es richtig sei, einfach nur immer mehr und das Meiste für sich selbst zu wollen. Mit anderen Worten: da das Gute und das Angenehme nicht identisch sind, stellt sich die Frage, ob sich menschliches Glück in einer Lebensführung einstellt, die das Angenehme anstrebt, oder in einer, die sich am Guten orientiert. - Wir sind also wieder bei der Frage nach dem Worumwillen, dem letzten Zweck, dem eigentlichen Grund unseres Handelns. Sokrates' Antwort fällt eindeutig aus, zugunsten des Guten: der Arzt etwa müsse seinem Patienten im Zweifel von unbeschränktem leiblichen Genuss abraten, um den Körper gesund zu erhalten; eine Heildiät ist zwar nicht lustvoll, aber sie ist letztlich dazu *gut*, den Körper gesund zu erhalten.

Dasselbe, so sagt uns Sokrates, müsse gelten im ethischen Verhalten, im gesellschaftlichen Umgang. Was die Gesundheit für den Körper, das sind Recht und Gesetz für die Seele, denn letztlich wird der Mensch nur in Gesellschaft gedeihen. Eine Gemeinschaft, oder gar eine Freundschaft, sind also unter Menschen, die in egoistischer Maßlosigkeit Gesetze und Regeln übertreten und vor allem auf den eigenen Vorteil fixiert sind, unmöglich. Dabei muss betont werden, dass Platon implizit von *gerechten* Gesetzen ausging. Wir müssen also ergänzen: Freundschaft und Gemeinschaft sind auch dort nicht möglich, wo Interessengruppen die Gesetzgebung mit egoistischer Zielsetzung beeinflussen. - So implizieren die antiken Tugendethiken[8] immer auch politisch-gesellschaftliche Fragen.

In der sokratisch-platonischen Argumentation wird die Differenz zwischen dem Angenehmen und dem Gutem zwar betont, beides gerät aber nicht in Widerspruch zueinander. Auf Verzicht und auf Ausgleich bedachtes Verhalten beschränkt die eigene Lustmaximierung, sichert aber langfristig das eigene politische Überleben und ermöglicht erst Freundschaft und eine funktionierende Gesellschaft. Wir sollten diesen im besten Sinne ganzheitlichen Denkansatz nicht vergessen, wenn wir uns später mit der Gegenwart beschäftigen, in der inzwischen jede auf gesellschaftlichen Ausgleich bedachte Regelung als Zumutung, weil dem Gewinnstreben des Einzelnen behindernde Beschränkung, diskreditiert wird.

Dabei ist zu betonen, dass dieser ganzheitliche antike Ansatz kein im neuzeitlichen Sinne sozialistisches, gesellschaftliche Unterschiede negierendes Gedankengut war. Was die Griechen anstrebten war nicht gesellschaftliche Gleichheit. Ganz im Gegenteil: weit von gleichen Rechten für Alle entfernt, war zum Beispiel die Wirkungsstätte der Frauen auf das familiäre Heim beschränkt, von den Rechten der als Besitz gehaltenen Sklaven ganz zu schweigen. Um so relevanter erschien es Sokrates und Platon, der Wirkungsmacht der „freien Männer" ethische Selbstbeschränkung aufzuerlegen. Letztlich betonten sie die, wie wir heute sagen würden, „Vorbildfunktion der Elite": Politiker müssten in erster Linie ethische Verantwortung für die Entwicklung der Gesellschaft übernehmen, und dürften erst in zweiter Linie an ihre persönlichen Vorteile denken. (Auch heute erscheint es ja, vorsichtig formuliert, fraglich, ob diese Priorität immer gegeben ist.)

Vor dem Hintergrund dieses Zielkonflikts ließ Platon den Sokrates im „Gorgias" sagen:

> *Sollen wir also versuchen, auf diese Weise den Staat und die Bürger zu behandeln, um sie soviel als möglich besser zu machen? Denn ohne dies [...] ist es zunichts nütze, ihnen irgendeine andere Wohltat zu erweisen, wenn nicht die Seele derer gut und schön ist, welche entweder zu großem Besitz, oder zur Herrschaft über*

andere, oder sonst irgendeiner Macht gelangen
sollen.[9]

Hier wurde also nichts weniger gefordert, als die ethisch-moralische Bildung zur grundlegenden Voraussetzung für einen verantwortungsvollen Staats- oder Geschäftsmann zu machen. Doch was bedeutete diese Forderung ganz konkret aus der Sicht des „freien Mannes"? Wie wirkte sie sich auf die Lebenspraxis in einer Gesellschaft aus für den, der ein freies Leben führen wollte?

An dieser Stelle müssen wir in bestem philosophischen Sinne analytisch werden, dass heißt wir wollen uns genau über die verwendeten Begrifflichkeiten und ihre Bedeutung klar werden. - Wir hatten schon festgestellt, dass die (Entscheidungs-) Freiheit Grundlage jeder ethischen Überlegung ist. Sodann hatten wir mit Platon das Gute von dem bloß Angenehmen, Nützlichen oder Lustvollen gedanklich unterschieden. Wir haben es also genau genommen mit zwei Untersuchungsgrößen und zwei damit verbundenen Fragestellungen zu tun: Die erste Frage ist die nach der Beschaffenheit des Guten, nach dem wir streben, nach dem *Worumwillen* all unseren Handelns. Und zweitens ist zu fragen, wann ein Handeln wirklich frei ist, wie also menschliche Freiheit definiert werden kann.

Wir wollen diesen Fragen nachgehen und dabei neben Platon auch Aristoteles zu Rate ziehen, der als Schüler Platons, und an dessen Lehre anknüpfend, ein äußerst genaues, wissenschaftlich systematisiertes philosophisches System hinterlassen hat.

Worumwillen

Das Gute, um dessentwillen Jede und Jeder letztendlich handelt, kann nicht einfach nur das persönlich Angenehme oder Nützliche sein. So hatten wir oben mit Platon festgestellt: für den Körper mag Diät besser sein als Völlerei; Selbstbeschränkung, Gemeinsinn, Freundschaft und Gemeinschaft für die Seele besser als Egoismus. Doch was ist, abseits dieser Beispiele, allgemein gesprochen das höchste Gut, um dessen willen der Mensch handelt? - Für Aristoteles ist klar, dass das höchste Gut dasjenige sein muss, das reiner Selbstzweck ist: nur wenn wir das angestrebte Gefühl, den herbeigesehnten Zustand um seiner selbst Willen wollen, und nicht letztlich nur als Mittel für einen eigentlich anderen, höheren Zweck, wie etwa ein angenehmes Aussehen, um möglicherweise die eigenen Chancen bei der Partnersuche zu erhöhen – nur dann also, wenn etwas für uns reiner Selbstzweck ist, kann es sich dabei potenziell um das höchste Gut handeln. - Und Aristoteles erkannte, dass es nur das Glück sein kann, das der Mensch ausschließlich um seiner selbst Willen anstrebt. Alles Andere, wie etwa Besitz oder Geld, kann allenfalls als materielles Instrument gesehen werden, eben als Mittel zum Zweck, ein glückliches Leben zu realisieren. Doch mit dieser Feststellung ist das Wesen eben dieses zu realisierenden Glückes, ist der Letztgrund menschlichen Handelns, inhaltlich noch immer nicht bestimmt.

Aristoteles' ethisches Hauptwerk, seine „Nikomachische Ethik" widmet sich in zehn Büchern der Suche nach dem Wesen des menschlichen Glücks. Auf wesentliche Punkte komprimiert, lassen sich seine Erkenntnisse so zusammenfassen: jedes Lebewesen ist glücklich, wenn es seiner natürlichen spezifischen Anlagen entsprechend lebt. Was den Menschen aber von jedem anderen lebenden Geschöpf unterscheidet, ist seine Vernunft: während etwa auch das Tier Verstand besitzt, der dazu befähigt, den unmittelbaren physischen Interessen gemäß zu agieren, ermöglicht erst die menschliche Vernunft

Abstraktion und Begriffsbildung, Vorstellung und Reflexion. Erst die Vernunft befreit den Menschen damit von der unmittelbaren Abhängigkeit von seiner Umgebung, indem sie es ihm ermöglicht, eigenes Handeln gedanklich durchspielen, und damit schon vor der Handlung mögliche Handlungsfolgen zu reflektieren. Das Vernunftvermögen, so könnten wir sagen, korrespondiert also in gewisser Weise mit dem eingangs schon als grundlegend erkannten menschlichen Könnenbewusstsein.

Der Mensch ist also dann glücklich, wenn er seiner Vernunft entsprechend lebt. Und die Vernunft lässt ihn, salopp gesagt, erkennen, was richtig ist. Richtig aber ist stets ein Mittleres zwischen Mangel und Überfluss, denn die Natur lehrt uns, dass ein Zuviel oder Zuwenig stets zerstörerisch wirkt. In diesem spezifischen Hinweis auf die Natur lässt sich eine Bezugnahme auf die griechische Medizin erkennen, wie ja auch Platon im Gorgias schon diesen Bezug nahm, indem er darauf hingewiesen hatte, dass Maßlosigkeit die körperliche Gesundheit zerstören könne.[10]

Aristoteles systematisierte insofern die platonische Forderung nach Maß und Selbstbeschränkung, als er das Mittlere als Prinzip einführte und in Bezug auf verschiedene Tugenden ausführte, wie diese als Mitte zwischen zwei Extremen beschaffen sei, etwa die Großzügigkeit als Mitte zwischen Geiz und Verschwendungssucht. Eine besondere Stellung aber nimmt die Gerechtigkeit ein: sie ist gewissermaßen die wichtigste unter den Tugenden, die *Kardinaltugend*, da sie unmittelbar einen Bezug zwischen eigenem Verhalten und den Anderen aufschließt, also die Natur des Menschen als sozialem Wesen betrifft. Und auch hier gilt: gerecht ist das Mittlere zwischen einem Zuviel- und einem Zuwenig-Bekommen, zwischen Unrecht-Tun und Unrecht-Erleiden.

Das Glück lag für die hellenistischen Griechen also in einem auf Ausgleich bedachten Leben. - Dass Derjenige, der nur für sich selbst und seine eigenen Interessen lebt, kaum glücklich wird, ist natürlich eine Binse. Und wer selbst schon verschiedene Phasen in seinem Leben durchlaufen hat, wie archetypisch etwa die literarische Figur Scrooge aus Charles Dickens' Weihnachtsgeschichte, der zunächst in egoistischer Manier alle Bedürftigen davon jagt, und erst durch das Erscheinen der Weihnachtsgeister zum nächstenliebenden Menschenfreund wird, der weiß, wie viel mehr an Ausgeglichenheit, an Zufriedenheit und an Glück in einer Lebens- und Denkart liegt, die sich vom Zwang des Gewinnstrebens befreit und ein an Ausgleich orientiertes freies Handeln sich zur Gewohnheit gemacht hat.

Freiheit

In Beziehung auf freies Handeln hatten wir oben lapidar festgestellt, dass wir einem Piniensamen schon dann die Freiheitseigenschaft zusprechen würden, könnte er sich bewusst für oder gegen das Keimen entscheiden; er bräuchte nicht auch noch Flügel, um aus eigener Kraft seinen bevorzugten Standort anzusteuern. Wir können allgemeiner formulieren: eine freie Handlung liegt zunächst einmal dann vor, wenn sie dem Handelnden (aufgrund etwa körperlicher oder geistiger Beschaffenheit) *möglich* ist: unser sonderbarer, mit freiem Willen begabter Piniensamen, der in eine allzu feuchte Senke geweht wurde, könnte sich zwar gegen das Keimen an diesem Standort entscheiden, aufgrund fehlenden eigene Antriebs könnte er sich aber nicht dazu entscheiden, an einen passenderen Standort zu fliegen. Doch immerhin könnte er entscheiden, auf den nächsten Windstoß zu warten, der ihn vielleicht zu diesem geeigneteren Standort tragen wird.

Die Entscheidung für oder gegen ein Handeln muss also in der Macht des Handelnden liegen. Für Aristoteles war dies eine von drei Voraussetzungen, für ein freies Handeln, neben dem *Wissen um Handlungsfolgen* und der *Abwesenheit von Zwang*:

Ist Jemand, der nicht um die Folgen seines Handelns weiß, dennoch für dieses Handeln verantwortlich? - Noch die heutige Rechtsprechung unterscheidet hier verschiedene Fälle. Niemand kann zum Beispiel einen Diebstahl begehen und sich danach mit der Behauptung vor Strafe schützen, er hätte nicht von der Unrechtmäßigkeit dieser Tat gewusst. Wer aber in Trunkenheit oder etwa in geistiger Umnachtung handelt, den behandelt das Gesetz anders. Schon Aristoteles hatte hier verschiedene Fälle von nicht-freiwilligem oder unfreiwilligem Tun unterschieden. Wichtig aber war ihm: wer Zusammenhänge nicht versteht oder ignoriert, der handelt eben *nicht frei*. - Platon ließ den Sokrates im „Gorgias" gegen die Sophisten argumentieren, wenn diese dem Recht des Stärkeren das Wort redeten: der Mächtige mag durch Schmeichelei statt durch gerechtes Handeln überzeugen, und er mag damit seine eigenen Interessen durchsetzen; *frei* ist ein solches Handeln aber tatsächlich nicht, wenn dadurch ein Unrecht oder eine Beschädigung des gesellschaftlichen Zusammenhalts in Kauf genommen wird.[11] Und mit Aristoteles können wir ergänzen: er verfehlt mit dem Wahren und Guten nicht nur seine Freiheit, sondern auch sein Glück, war doch für ihn die auf Gerechtigkeit bedachte Vernunftperspektive die Voraussetzung für menschliches Glück.

Diese Dimension des Denkens ist in unserer Konsumgesellschaft nahezu verloren gegangen. *Glück* empfinden wir oft nur noch oder vor allem durch Konsum und Zerstreuung. Glücksgefühle stellen sich vor allem dann ein, wenn der gewöhnliche (Arbeits-) Rhythmus des Lebens durch außergewöhnliche Ereignisse unterbrochen wird. Urlaubsreisen, Hochzeiten, die Genesung von schweren Krankheiten, Geburten, berufliche Karrieresprünge – fast alles, was wir heute üblicherweise mit dem Begriff Glück verbinden, betrifft die Sphäre der eigenen Person oder des engeren Familien- und Freundeskreises und ist dadurch geprägt, dass es keinerlei Reflexion mehr unterworfen ist. Und so dürfte der heutige Leser des „Gorgias" über die Rede des Sokrates ebenso erstaunt sein wie dessen Gesprächspartner Polos in dem folgenden Textauszug:

SOKRATES. ...so werden die Redner, wenn sie in den Staaten tun, was sie gutdünkt, und so auch die Tyrannen, hieran nichts Gutes besitzen. Und große Macht haben soll doch, wie du behauptest, etwas Gutes sein. Tun aber, was einen gutdünkt ohne Erkenntnis, das räumst auch du ein, sei ein Übel; oder nicht?

POLOS. Ja.

SOKRATES. Wie also sollten wohl Redner oder auch Tyrannen im Staate eine große Macht besitzen, wenn nicht dem Sokrates zuvor von Polos bewiesen wird, daß sie tun, was sie wollen? [...] Ich leugne, daß sie tun, was sie wollen. Widerlege mich doch.

POLOS. Hast du nicht eben zugegeben, daß sie täten was ihnen das Beste zu sein scheint, vor einem Augenblick noch?

SOKRATES. Das gebe ich auch noch zu.

POLOS. Tun sie also nicht, was sie wollen?

SOKRATES. Das leugne ich.

POLOS. Und sie tun doch, was sie gutdünkt?

SOKRATES. Ja.

POLOS. Das ist ja etwas ganz Erstaunliches und Unbegreifliches, was du da sagst, Sokrates.[12]

Dass, was ich (scheinbar) will und für richtig halte, will ich also nicht wirklich, und deshalb wird es mich auch nicht glücklich machen? - Dieses scheinbare Paradoxon ist Ausdruck dessen, was passiert, wenn wir schnelllebigen Bedürfnissen quasi triebhaft folgen, ohne rationale Reflexion; wenn wir nur noch das Gesollte wollen, anstatt ein zu Wollendes uns zu erkennen bemühen. Dann gerät die Existenz in eine Schieflage und in einen unauflösbaren Widerspruch, wenn dieses

Gesollte in Zielkonflikte mit dem wahren Guten gerät, wie wir später sehen werden.

Wenn der Mensch also glücklich sein will, das Glück aber nur als auf Maß und Mitte gerichtetes Handeln gedacht werden kann, das stets den Ausgleich sucht zwischen den eigenen Interessen und denen der Mitmenschen; das zudem auch ganz notwendig-praktische Aspekte umfasst wie den, dass die eigene Existenz abhängig ist etwa von einer intakten Umwelt; wenn also das Angenehme vom Guten verschieden, aber doch beide voneinander abhängig sind, dann erschließt sich ganz von selbst, weshalb Aristoteles die Rationalität zur Quelle und Grundlage menschlichen Glückes gemacht hat.

Dass die Gefahr besteht, Gesolltes und Gewolltes nicht mehr unterscheiden zu können, führt uns zur dritten Bedingung freien Handelns, der Abwesenheit von Zwang. Dies mag zunächst banal erscheinen: wer unter Zwang agiert, kann über sein Handeln nicht frei entscheiden. Daraus folgte zum Beispiel im alten Griechenland ganz selbstverständlich, dass sich die Frage nach dem tugendhaften Handeln für den Sklaven gar nicht stellen konnte. Doch man erkannte die Unterwerfung unter Zwang nicht nur im Leben des Sklaven: auch der Handwerker oder Derjenige, der Dinge um des Gelderwerbs wegen tut, unterwirft sich Zwängen, und kann deshalb kein freies, also kein tugendhaftes, also kein glückliches Leben führen. Mochte auch eine nützliche Tätigkeit, die zur materiellen Existenzsicherung der eigenen Person und der Familie beitrug, als Voraussetzung für ein freies Leben gelten, so schlug sie doch in Unfreiheit und das Gegenteil von Glück um, sobald sie in einem größeren als bloß dem notwendigen Ausmaß ausgeübt wurde. Bei Aristoteles lesen wir in Bezug darauf eine ausdrückliche Warnung, die schon bei der Erziehung der Jugend ansetzt:

> *Darüber nun, daß man die Jugend von den nützlichen Dingen das Notwendige lernen lassen muß, kann kein Zweifel sein. Was aber die*

Frage angeht, ob sie alles Nützliche lernen soll,
so ergibt sich aus dem Unterschiede der freien
und der unfreien Verrichtungen als Folgerung
die klare Antwort, daß sie nur mit solchen
nützlichen Beschäftigungen befaßt werden darf,
die sie nicht zu Banausen, zu gemeinen
Handwerkern herabwürdigen. Für banausisch
aber hat jede Verrichtung, Kunst und Kenntnis
zu gelten, die den Leib oder die Seele oder den
Geist freier Menschen zur Ausübung und
Betätigung der Tugend untüchtig machen.[13]

Klarer und kompakter lässt sich die antike Sicht auf die richtige Lebensweise kaum ausdrücken: Arbeit zur Existenzsicherung war nicht Zielsetzung eines freien Lebens, sondern vielmehr dessen Einschränkung, und das „Notwendige", das Aristoteles der Jugend angedeihen lassen wollte, war gerade eine *Lebenskunst*, die es darauf anlegte, Existenzsicherung und Minimierung von Arbeit gleichzeitig zu realisieren. Hannah Arendt hat in diesem Zusammenhang bereits 1958 gezeigt, wie weit sich das moderne Arbeitsideal von dieser antiken Sichtweise entfernt hat, indem die Arbeitstätigkeit zur unabdingbaren Lebenserfüllung des modernen Menschen, des animal laborans, geworden ist.[14] Sie hat auch bereits ausgeführt, welche Folgen für Ressourcenverbrauch und menschliches Glücksempfinden eine Gesellschaftsordnung hat, die auf stetiges ökonomisches Wachstum und steigenden Konsum ausgerichtet ist. Die auf Vergeudung ausgerichtete Warenproduktion ist seit der Zeit von Arendts Ausführungen mit wachsender Potenz bis zu dem Ausmaß gestiegen, das uns heute vor die bekannten Probleme von Naturzerstörung und Klimaveränderung stellt. Und Arendt zeigte auch, dass der animal laborans den einzigen Ausgleich zu seiner anstrengenden und aufreibenden Arbeitstätigkeit nur in Konsum und oberflächlicher Zerstreuung findet: das scheint das einzige Lebensglück zu sein, dass sich angesichts eines sich ständig wiederholenden, als nutzlos empfundenen Arbeitskreislaufs, in dem nichts Bleibendes geschaffen wird, realisieren lässt. - Der lange Weg zum totalen Konsum-Glück, zur „Etablierung einer in sich konsequenten Gesellschaft von Konsumenten"[15], die gar nichts Dauerhaftes mehr hervorbringt, sondern ausschließlich noch zu Konsumzwecken produziert und darin ihr Glück findet, hatte Arendt als noch lange nicht abgeschlossen gesehen. Wenn aber heute das Wollen dieses vielleicht doch nur gesollten Konsum-Glücks kaum mehr hinterfragt wird, dann wird in der späteren Betrachtung der Moderne auch zu thematisieren sein, wie weit wir auf diesem Weg heute bereits „fortgeschritten" sind, und ob das von Arendt aufgeworfene Problem der Glücksabhängigkeit vom Konsum heute tatsächlich noch das vordringlichste ist.

Hier aber ist noch vor einem möglichen Missverständnis zu warnen: wenn es in der Antike als Lebenskunst galt, die eigene und familiäre Existenz zu sichern und gleichzeitig Arbeit wo möglich zu vermeiden, zumindest die zeitliche Bindung durch Arbeit auf ein Minimum zu reduzieren, so könnte man in gedanklicher Übertragung dieses Konzepts auf unsere Tage auf den Gedanken kommen, Platon und die anderen hellenistischen Philosophen wären heute Verfechter von Gewinnen aus Vermögensverzinsung und Aktienspekulationen. Auch wenn dies auf den ersten Blick plausibel erscheinen mag, so könnte doch die Übertragung des Konzeptes „Einkommen aus Vermögen" auf die antike Vorstellung der Freiheit von Arbeit falscher nicht sein. Denn es ging es den Griechen ja nicht um die Befreiung von Arbeit im Sinne anstrengender Tätigkeit, sondern im Sinne einer ständigen Besorgnis um die materielle Existenz, die die Aufmerksamkeit von den wirklich wichtigen, ethisch-gesellschaftlichen Lebensthemen ablenkt. Insofern entsprächen Konzepte eines bedingungslosen Grundeinkommens, die heute mit vermehrter Frequenz in der öffentlichen Debatte zumindest ansatzweise auftauchen, eher dem antiken Ideal als Aktienspekulation oder die Verzinsung von Vermögen. Denn letzteres setzt zum einen voraus, dass bereits ein Vermögen erwirtschaftet wurde, das zur weiteren Einkommenserzielung verwendet werden kann, das also in diesem Sinne „übrig" ist: ein bereits erzielter Überschuss über das zum Leben Benötigte. Schwerer aber noch wiegt ein zweiter Aspekt, der mit dem ersten in unmittelbarem Zusammenhang steht: Einkommen aus Vermögen ist ein Prozess, der einem Kreislauf gleicht und zu keinem Ende kommen kann. Wir können wieder Bezug auf Hannah Arendt nehmen, die diese zirkuläre Natur des Arbeitsprozess beschrieben hatte, der nur für die Zeit des Konsums, des Auftankens der Energiereserven, zur Ruhe kommt – nur damit diese Energie im Arbeitsprozess erneut verbraucht werden kann. Ganz genau so dient auch der Kapitalertrag dazu, nicht nur für Konsumzwecke, sondern auch wieder als Kapital eingesetzt zu werden – denn Inflations- und Spekulationsrisiken dulden keinen Stillstand. Ein Gleiches ist im System der Finanzspekulation zugleich immer ein Weniger, daher befriedigt nur ein stetiges Mehr, ständiges Wachstum die kapitalistische Wirtschaft und ihre Nutznießer. So befreit also der Kapitalertrag nicht vom Zwang des Nützlichen, und es bleibt die Erkenntnis, wie elementar der aristotelische Hinweis auf die Unterscheidung von Notwendigem und bloß Nützlichem ist. Die Trennlinie zwischen Beidem aber haben wir schon deutlich benannt: es geht um eine Lebenskunst, die dem Menschen die Freiheit zu einem seinen Fähigkeiten entsprechenden Leben, zu seinem Glück, lässt. - Nach allem, was wir von den antiken griechischen Philosophen bisher erfahren haben, sind Wissen und Erkenntnis, ist Rationalität ein wesentlicher Baustein dieser Lebenskunst.

Zusammenfassung

Die antike Sichtweise auf Glück, Worumwillen und Freiheit mag in einer modernen Gesellschaft zunächst lebensfremd und rückwärtsgewandt erscheinen. - Kann man sich an einer Gesellschaft orientieren, in der Diener als Sklaven wie Eigentum behandelt wurden? Ist es nicht gerade die große Errungenschaft der Moderne, dass ein Jeder nach seiner Fasson glücklich werden kann – im Zweifel auch ganz, ohne sich um die Gemeinschaft zu scheren?

Nun, man kann jenes verurteilen und doch dieses zumindest hinterfragen. Bei der Reflexion dieser Themen ist in jedem Fall der historische Lebenskontext mit zu betrachten. Das familiäre wie auch das gesellschaftliche Leben in den antiken griechischen Stadtstaaten baute auf religiösen Traditionen auf. Jede Familie hatte ihre eigenen Götter, und der Altar dieser privaten Religion war der häusliche Herd: dieser bildete das unverrückbare Zentrum des Familiensitzes, um ihn herum wurden die Mauern des Hauses und die Zäune des Ackers gezogen, und diese religiös fundierte Verankerung einer Familie bildete die Grundlage für das antike Recht auf Privateigentum. Zugleich trennte die religiöse Tradition die einzelnen Familien voneinander: Gemeinschaft zwischen Häusern, die je eigene private Gottheiten verehrten, konnte es nicht geben.[16] Die Städte konnten als Polisgemeinschaften dennoch funktionieren, weil der vermeintlich freie Bürger „unbedingt seiner Stadt unterworfen [war]; er gehörte ihr vollständig; die Religion, die den Staat geschaffen hatte, und der Staat, der sie erhielt, stützten sich gegenseitig und schmolzen ineinander"[17]. In der Praxis bedeutete dies, dass der Bürger sich politisch und kulturell in der Stadt engagieren musste: tat er es nicht, verlor er seine bürgerlichen Rechte, die dem Fremden von vornherein verwehrt waren.[18]

Der freie Bürger, der Eigentum an seinem Grund und Boden hatte, war also gleichzeitig seiner Stadt verpflichtet – genauso wie auch die

Ernte seines Eigentums, seines Ackers, nicht ihm allein gehörte, sondern mit der Polisgemeinschaft teilen musste.[19]

Der religiöse Ursprung und die Sicherung des Familieneigentums bildeten also zugleich die Grundlage für die tiefgehende Verankerung der Menschen in der Polisgemeinschaft mit einer festen Rollenverteilung von Familien, Sklaven und freien Bürgern, in der die Sklaven zugleich zu Mitgliedern der Familie wurden, und der vermeintlich freie Bürger war den Interessen der Polisgemeinschaft unterworfen.

Vor diesem Hintergrund ist also die antike philosophische Sicht auf das glückliche Leben zu beurteilen, und diese Philosophie erhält ein erstaunlich pragmatisches Gepräge, insofern ihre Grundaussage war: nur ein an Ausgleich und Gerechtigkeit orientiertes Handeln ermöglicht ein glückliches Leben in der Gesellschaft, und deshalb ist es im ureigensten Interesse, durch rationale Reflexion diese Zusammenhänge zu verstehen und den Gemeinsinn-Gedanken zu internalisieren.

Wir können an dieser Stelle vielleicht bereits die später zu thematisierende Zerrissenheit in der Moderne erahnen, in der das Individuum zwar nach wie vor gesellschaftlichen (wenn auch nicht mehr traditionell-religiös verankerten) Zwängen unterworfen ist. Doch gleichzeitig gilt die Gemeinschaft nicht mehr als Ideal. Im Gegenteil: alles dreht sich um den Erfolg und die individuelle Verwirklichung des Einzelnen – einschließlich der damit einhergehenden Entsolidarisierung und Ellbogengesellschaft.

Genau deshalb mutet heute das oben erwähnte platonisch-sokratische Urteil, zum Staatsmann eigne sich nur, wer eine *gute und schöne Seele* habe, im ersten Moment naiv und weltfremd an. Tatsächlich müssen wir gedanklich wahrscheinlich länger suchen, bis uns im heutigen Politikbetrieb eine Politikerin oder ein Politiker mit dieser Eigenschaft einfällt. - Doch auch die antiken Griechen lebten in keiner idealen Welt voller ethisch integrer Persönlichkeiten. War doch gerade die Tatsache des Gegenteils, die Enttäuschung über Politiker und öffentliche Personen, die das eigene Wohlergehen über das des Volkes stellten, stets auch Anlass für ethische Überlegungen.

Die antiken Tugendethiker wollten zeigen, dass die richtige Lebensführung eben maßvoll, aber gleichzeitig glücksorientiert ist. Sie orientierte sich an Maß und Mitte, war aber keine asketische. Im Gegenteil: eben weil der Mensch die Richtigkeit eins maßvollen, gerechten Handelns kraft seiner Vernunftbegabung erkennt, steigt sein Glücksempfinden in dem Maße, in dem er ein solch maßvolles, tugendhaftes Leben aus Überzeugung führt.

Deshalb kann Gelderwerb nur Mittel zum Zweck sein: so verwirft Aristoteles bei einer Aufzählung möglicher praktischer Zielsetzungen eines tugendhaften glücklichen Leben die Anhäufung von Reichtum auch ausdrücklich.[20] Auch ein auf sinnlichen Genuss hin ausgerichtetes Leben verwirft er als Letztziel, da die Glücksrealisierung stets von äußeren Faktoren abhängig bleibe. Denkbar wäre noch ein Leben für die Ehre, soll heißen: ein Leben als Politiker, der sich in der Polis engagiert. Tatsächlich lässt sich die *Nikomachische Ethik* so lesen, dass die menschliche Vernunft, insofern sie Grundlage der Tugenden, insbesondere der Gerechtigkeit und damit Grundlage des menschlichen Handelns als sozialen Wesens ist, für ein politisches Amt befähigen kann. Allerdings hatte schon Platon davor gewarnt, dass, wer nach politischer Partizipation strebt, sich möglicherweise gemein machen müsse mit der herrschenden Ordnung und insofern möglicherweise gerade nicht mehr tugendhaft agieren könne.[21] Wohl auch deshalb, und weil es im Zweifel im politischen Leben also gerade nicht auf die Tugend ankommt, kann für Aristoteles das wahre Glück nur im Erkennen der Wahrheit in Form (philosophischer) Weisheit liegen.

Wir brauchen Aristoteles hier nicht so weit zu folgen, dass wir ein glückliches Leben nur in der philosophischen Kontemplation für möglich halten. Unsere Leitfrage ist die nach dem Menschenbild, nach einer philosophischen Definition des Menschseins, und wichtig ist nur, festzuhalten: Aus der Betrachtung des Menschen als vernunftbegabtem

Wesen ergab sich in der Antike ganz zwingend die Forderung nach einem gerechten Miteinander. Das führte unmittelbar dazu, dass der nach Ruhm oder Macht strebende Bürger immer auch am Gemeinwohl orientiert war, und dass unverhältnismäßige Bereicherung eher gesellschaftlicher Ächtung als Bewunderung unterlag.

Und so waren es die sozialen Erfahrungen des Teilens und der Gastfreundschaft, die das Leben des Menschen in der Polisgemeinschaft (bei aller Abschottung und kriegerischen Feindseligkeit nach außen) prägten. *Freiheit* bedeutete, (gesellschaftliche) Zusammenhänge vernunftmäßig zu erfassen. Die Entscheidung für oder gegen ein maßvolles, also: tugendhaftes Leben war dann immer frei – mit ggf. allen gesellschaftlichen Konsequenzen.

Ein entscheidender Unterschied zum heutigen Freiheits-Begriff ist also, dass gesellschaftliche Aspekte stets im Horizont des Handelns standen – wie es durch die *Kardinaltugend* Gerechtigkeit zum Ausdruck kam.

Überdimensionierte Autos, täglicher Fleischkonsum, Plastikverpackungen – auch wenn all diese Dinge inzwischen Gegenstand kritischer gesellschaftlicher Diskussionen sind, so empfindet doch ein Großteil der Menschen immer noch die Forderung nach *Konsum*-Einschränkung als *Freiheits*-Einschränkung: die Reflexion des Gemein-Interesses ist zum Großteil verloren gegangen. - Die antiken griechischen Philosophen aber wussten: Gemein-Intersse *ist* Eigen-Interesse. - Wann und wie kam es in den vergangenen zweitausend Jahren zum Zerfall dieser Erkenntnis?

Mittelalter -
Diesseitige Freiheit und jenseitiges Glück

Die antike Philosophie hatte hohe praktische Relevanz für die Menschen. Sie bot Halt und Orientierung in einer Welt, die durch gesellschaftliche und politische Umbrüche geprägt war wie zum Beispiel die Kriege Alexanders des Großen und der Diadochen. Diese letztlich auch seelsorgerische Funktion schickte sich nach der Zeitenwende das junge Christentum zu übernehmen an – mit einer Konsequenz im Anspruch auf Alleingültigkeit für den Weg zum Seelenheil, die der Philosophie bis dato fremd gewesen war; der Ausspruch Jesu' „Ich bin der Weg, die Wahrheit und das Leben" wurde zum Credo des christlichen Wirkungsanspruchs.[22]

Wenn es hier um das philosophisch vorherrschende Menschenbild im Mittelalter geht, dann sollten wir uns zunächst über den betrachteten Zeitrahmen bewusst werden. Das Mittelalter wird als Epoche zeitlich meist eingegrenzt auf den Zeitraum zwischen dem Untergang des weströmischen Reiches um 476 und dem Beginn der Neuzeit im 15. Jh. oder der Reformation 1517. Aus inhaltlich-philosophischer Sicht können wir es etwas früher beginnen lassen. Denn mit Augustinus, 354 geboren und ab 395 Bischof von Hippo, wo er das erste Kloster auf afrikanischem Boden gründete, tritt ein christlicher Denker auf, der entschlossen war, antike philosophische Erkenntnisse nicht zu verdammen, sondern systematisch in das christliche Denken zu assimilieren. Damit etablierte er ein Denken, das sich quasi das ganze Mittelalter hindurch fortsetzte, und das philosophische, rational-logische Argumentation als Werkzeug zum Beweis der Wahrheit des christlichen Glaubens einsetzte.[23]

Für die philosophisch-ethischen Konzepte des Mittelalters bedeutet das zunächst zweierlei. Zum ersten knüpfen sie in vielerlei Hinsicht an

Denker wie Platon oder Aristoteles an und übernehmen von diesen zahlreiche konzeptionelle Ansätze. Zum zweiten bedeutet die Assimilation dieser Denksysteme in das christliche Weltbild nicht zwangsläufig deren Verfälschung oder Unterordnung unter Glaubensprinzipien. Im Gegenteil: der Anspruch, den christlichen Glauben durch philosophisches Denken zu untermauern, machte eine äußerst sorgfältige Argumentation und logische Gedankenführung notwendig. Dadurch kam es zur kritischen Auseinandersetzung mit der antiken Philosophie, und im Zuge dessen auch zu deren Erweiterung um neue Aspekte. So wird in der Beurteilung menschlichen Verhaltens neben der *Entscheidungs*freiheit auch eine *Willens*freiheit explizit thematisiert – ein erster Brückenschlag zum modernen, individualistischen Denken.

Wir hatten über das Verhältnis von dem Guten und dem Nützlichen zueinander in der Antike gesprochen. Wie sieht dieser Bezug in der mittelalterlichen, christlich geprägten Philosophie aus? Welche Rolle spielen Rationalität, Denken und Selbstbeschränkung für das Glück? Steht das Glück weiterhin als Worumwillen im Handlungshorizont des menschlichen Seins?

Ganz allgemein lässt sich sagen, dass die Denker des Mittelalters konzeptionell an die antiken Glücksvorstellungen anknüpften: das Konzept der Ausrichtung allen Handelns auf ein höchstes Ziel hin, das als Glück oder Glückseligkeit verstanden wird, blieb grundsätzlich bestehen. Gleichzeitig wurde dieses Glücksziel, das Worumwillen des Menschen, nun immer im Horizont des christlichen Gottes gedacht.

Im Folgenden stehen die ethischen Konzeptionen Augustinus' und Thomas von Aquins im Mittelpunkt. Beide Denker haben nicht nur großen Einfluss auf das philosophische Denken bis in unsere Tage hinein, sie repräsentieren in gewisser Weise auch zwei Pole der mittelalterlichen Philosophie: steht Augustinus ganz am Anfang der hier betrachteten Epoche und ganz in der Tradition des (neu-)platonischen Denkens, so datiert das Wirken des Thomas von Aquin mehr als acht

Jahrhunderte später. Thomas' Werk steht für eine theologisch, aber streng logisch-wissenschaftlich ausgerichtete Philosophie, in der systematisch aristotelisches Denken einfloss. Möglich wurde dies im 13. Jh. durch die Wiederentdeckung der aristotelischen Schriften, die im mittelalterlichen Europa nahezu vergessen waren. Im arabischen Raum wurden sie hingegen praktisch durchgehend rezipiert, und so ist es vor allem arabischen Kommentatoren wie Avicenna (ca. 980-1037) oder Averroes (1126-98) zu verdanken, dass Aristoteles' logische, und dann ab dem 13. Jh. auch seine ethischen Schriften, auch in Europa wieder Beachtung fanden.

Worumwillen

Augustinus orientiert seinen Glücksbegriff zunächst an den oben besprochenen antiken Vorlagen: in seiner Schrift *Über das Glück* aus dem Jahr 386 folgt auf die grundlegende Feststellung, dass jeder Mensch glücklich sein wolle, die Herleitung, dass dieses Glück nur erreichbar ist, wenn man etwas Gewolltes *dauerhaft* besitze, da ein nur vorübergehendes Glück stets den Mangel in sich trägt. Wir hatten dieses Prinzip schon bei Aristoteles kennengelernt, dessen wahres Glück nur in der von äußeren Einflüssen völlig unabhängigen philosophischen Weisheit lag. Und bei Platon bekam der Glücksbegriff sogar eine *ewige* Dimension, indem Glück als Teilhabe an den unendlichen Ideen erklärt wurde: so wie für Platon jede Einzelerscheinung ein Abbild einer Idee war (etwa jeder Baum nur eine Abbild der ewigen „Idee Baum", so war eben auch das Glücklichsein als Teilhabe an der entsprechenden Idee gedacht. - Hier knüpfte auch Augustinus an: da kein materieller Besitz von Dauer ist, muss das Glück immaterieller Natur sein, und an die Stelle der platonischen Ideen tritt im Horizont christlichen Denkens nun Gott. Glücklich ist also nur der, der ein gottgefälliges, frommes Leben führt.

Wichtig wird nun, welche Implikationen diese Feststellung für den Gläubigen hat. Denn Augustin fordert nicht einfach vom Menschen, an Gott zu Glauben und christliche Riten zu befolgen, und stellt als Lohn dafür ein Glücksempfinden in Aussicht. Vielmehr macht er, genau wie die antike Philosophie, den Verstandesgebrauch zur Voraussetzung für Glück: nur ein Denken, das im richtigen Maß *will*, erkennt den erfüllten Zustand: „Wo aber Maß ist und richtiges Verhältnis, gibt es kein Mehr und kein Weniger. Eben das ist Fülle, die wir als Gegensatz zu Mangel gesetzt hatten"[24]. Diese Definition der Glücksvoraussetzung, das Erkennen des richtigen Maßes[25], hat nun entscheidende Konsequenzen für die praktische Lebensführung; denn es liegt in der Verantwortung des Einzelnen, dieses richtige Maß zu erkennen: wer zum Beispiel einen Mangel empfindet, weil er kein luxuriöses Leben führen kann, wohl aber Genug zum Leben hat, der ist unglücklich nicht aufgrund eines realen materiellen Mangels, sondern aufgrund eines Mangels an vernunftmäßigem Erkennen des richtigen Maßes, mit einem Wort: er leidet an einem Mangel an Weisheit. Anders ausgedrückt: er ist töricht, und dies ist also für Augustinus die einzige mögliche Quelle des Unglücks.

Dahinter tritt ein letztlich auch stoisches Denken auf den Plan, das Augustinus mit einem Zitat des antiken Komödiendichters Terenz ausdrückt: „Da du nicht kannst, was du willst, so wolle, was du kannst!"[26] Doch ist damit mehr gemeint als eine rein stoische Einstellung, mehr als das bloße Sichfügen in das eigene Schicksal. Denn andererseits betont Augustinus auch: „Töricht ist zu erleiden, was zu vermeiden wäre."[27] - Das verdeutlicht umso mehr, welch große Bedeutung die Ratio, das Erkennen des richtigen Maßes für den Menschen hat: es wird nicht von ihm erwartet, unangemessen asketisch zu leben. Er soll lediglich die Bedeutung christlicher Grundsätze, der Regeln von Ausgleich und Nächstenliebe, verinnerlichen, und nicht in Habgier oder Maßlosigkeit verfallen. Gefordert ist von Augustinus also letztlich nicht mehr und nicht weniger als die antiken Philosophen gefordert hatten, nämlich das Wissen um und die Reflexion von gesellschaftlichen und sozialen Zusammenhängen und deren Bedeutung für die eigene Lebensführung – nun ergänzt um den Horizont des christlichen Denkens

Doch Augustinus' Glückskonzeption bleibt nicht in der reinen Rationalität gefangen. Denn Gott-Haben, dieser Glückszustand, zeichnet sich bei Augustinus gerade dadurch aus, dass aller Denkprozess zur Ruhe kommt: man *sucht* nicht mehr nach Gott, sondern man *hat* ihn; ein Zustand der Erfüllung, der als kontemplativer Akt, als Einswerden des Willens mit seinem Ziel, mit einem Wort: als Liebe, gedacht wird. Damit tritt Augustinus' Ethik weit über das Mittelalter bis in die Moderne hinaus: dort noch als Gefühl einer Vereinigung mit Gott gedacht, wird es vor allem die neuzeitliche Ästhetik sein, in der das Gefühl neben die Ratio, kontemplative Wahrnehmung neben das Denken tritt. – Gleichzeitig öffnet diese Denkfigur des Glücks als (Gottes-) Liebe Augustinus' Konzept für den ebenfalls in die Neuzeit vorgreifenden Freiheitsbegriff, der eine subjektive Motivation mit einschließt.

Dennoch: das menschliche Vernunftvermögen bleibt auf dem Weg zu Gott, also: für die im beschriebenen Sinne *maßvolle* (oder, in antikem Sprachgebrauch tugendhafte) Lebensweise unabdingbar. Denken, Reflexion und Vernunftgebrauch bleiben im Mittelalter zentrale Forderung innerhalb der ethischen Konzepte. Bei Thomas von Aquin erhält die Ratio ihre entscheidende Bedeutung sogar in zweierlei Hinsicht: in einem metaphysischen, also das Sein erklärenden Sinne, und in einem geradezu modern anmutenden Sinne mit Bezug auf Gerechtigkeitsfragen.

Zunächst entspricht Thomas' Erklärung des höchsten Glücks, des menschlichen Worumwillens, genau dem aristotelischen Ansatz:[28] auch Thomas definiert den Menschen als spezifisch vernunftbegabtes Wesen, das zu seinem höchsten Gut deshalb nur durch den Gebrauch seiner Vernunft gelangen kann. Jedes Handeln dient einem Zweck, und jeder

Einzelzweck dient in einer hierarchischen Struktur einem höchsten Ziel: der *Glücksruhe*. Diese kann nur immaterieller Natur sein, denn – wir kennen diesen Gedanken bereits – : jedes materielle und von äußeren Faktoren abhängige Glück lässt uns eben nicht zur Ruhe kommen. War dieses höchste Glück bei Aristoteles die philosophische Weisheit, so ist es bei Thomas die Gottesschau, denn nur in Gott kann das prinzipiell unendliche Streben des Menschen nach Erkenntnis zur Ruhe kommen, weil Gott die erste Ursache und damit erste Erkenntnis aller Dinge ist.[29]

So weit die Übereinstimmung mit Aristoteles. Der Aquinate geht nun aber insoweit noch über den Griechen hinaus, als dass er der menschlichen Vernunftbegabung eine metaphysische, also eine das (menschliche) Sein an sich erklärende Bedeutung zuweist. Denn nach Thomas ist die Welt durchgängig durch Gott bestimmt: Gott hat als ewiger Gesetzgeber durch ein ewiges Gesetz die Beschaffenheit der Welt und aller ihrer Lebewesen bestimmt. Indem das göttliche Gesetz den Menschen als vernunftbegabt bestimmt, eröffnet er diesem das Erkennen eben dieses göttlichen Gesetzes. Mit anderen Worten: der Mensch hat Anteil am göttlichen Gesetz, *weil* er vernunftmäßig die obersten Grundsätze des göttlichen Gesetzes erkennt. Diese Prinzipien, die dem Menschen unmittelbar einleuchten und insofern nicht mehr zu hinterfragen sind, werden eben dadurch für den Menschen zum „natürlichen Gesetz".

Durch dieses Konstrukt kann Thomas dem Worumwillen des Menschen eine vierfache Qualität zuweisen, so dass sich im thomasischen Endzweck explizit alle jene Aspekte menschlichen Handelns sammeln, die wir bei den bisherigen Konzepten aus Antike und Mittelalter kennengelernt haben:

Erstens, wird das Endziel des „guten" Handelns zum nicht hinterfragbaren, „natur-gesetzlichen" Handlungsprinzip, denn so wie es im Bereich des vernunftmäßgen Erkennens durch den Satz vom ausgeschlossenen Widerspruch nur wahr oder falsch, nur Sein oder Nichtsein geben kann, so kann es im Bereich des vernünftigen Handelns nur Gut oder Übel geben. Und da der Mensch als Endzweck das Gute will, kann er nicht Übel tun wollen, denn es gibt kein Sowohl-als-auch.[30]

Zweitens, erhält das Gute seine metaphysische Bedeutung, wird also mit dem Sein gleichgesetzt: der Mensch begehrt das Gute, das aber zwingend vollkommen ist (weil es die Erkenntnis des vollkommenen Gottes ist). Insofern ist Unvernunft zwingend auch zugleich von Übel (denn es kann nur entweder Gut oder Übel geben). Mehr noch: Unvernunft bedeutet auch *unvollständiges* Sein: der Mensch verfehlt sein Menschsein, wenn er in seinem Wirken die Vernunft nicht im angemessenen Grad zur Erreichung des Guten anwendet.[31]

Da das Gute, und damit das Sein des Menschen, vom Gebrauch der Vernunft abhängen, ist der Mensch Gott ähnlich, insofern seine Vernunft ein unvollkommenes Abbild der göttlichen (vollkommenen) Vernunft ist. Damit begründet Thomas, drittens, die Gottebenbildlichkeit des Menschen, aus der er letztlich auch die menschliche Willensfreiheit ableitet.[32]

Viertens gibt das natürliche Gesetz, also die menschliche Erkenntnis vom göttlichen Gesetz, das Gute in der praktischen Lebensführung vor. Es hat quasi Richtlinien-Charakter. Aristoteles hatte zwischen dem schlechthin höchsten Gut – der philosophischen Weisheit – und dem im praktischen Wirken höchsten Erreichbaren – dem Einsatz für die Gemeinschaft der Polis – unterschieden. Ähnlich begründet Thomas eine Zielhierarchie: so wie jeder Einzelzweck dem Glück als menschlichem Endzweck untergeordnet ist, so ist das Glück jedes Einzelnen dem Glück der Gemeinschaft aller Menschen untergeordnet. Thomas etabliert in diesem Zusammenhang den modern anmutenden Begriff des Gemeinwohls in seiner theologischen Philosophie, das er explizit als das *wahre Gut* definiert.[33]

Freiheit

Jede ethische Überlegung, so stellten wir eingangs fest, würde hinfällig, hätte der Mensch keine Entscheidungsfreiheit über sein Handeln. Die menschliche Vernunftbegabung erkannten wir als gattungsspezifische Voraussetzung für diese Freiheit, und wir erinnern uns der drei Freiheitsbedingungen des Aristoteles: Handlungsmacht, Wissen und die Abwesenheit von Zwang. - Für die christlichen Denker wird die Annahme menschlicher Freiheit nun zunächst zur logischen Herausforderung, denn wenn alles Sein auf der Welt als von Gott durchgängig geplant angenommen wird, dann stellt sich die Frage, wie eine menschliche Entscheidungsfreiheit innerhalb dieser göttlichen Weltordnung begründet werden kann. Andererseits gewinnt aber gerade diese Frage enorme Bedeutung für eine Kirche, die sich in dem seelsorgerischen und auch pädagogischen Auftrag sieht, den Menschen durch eine im christlichen Sinne tugendhafte Lebensweise auf die Glückseligkeit im Jenseits vorzubereiten.

Dem Augustinus verdanken wir die vielleicht früheste psychologische, nämlich individuelle Gefühle, Zweifel und Handlungsantriebe in einen Gesamtzusammenhang stellende Autobiographie überhaupt. In seinen *Bekenntnissen*, die er in den Jahren 397 bis 401 niederschrieb, schildert er detailliert seinen Bekehrungsweg zum christlichen Glauben, der sich ihm durch die philosophischen Schriften des Cicero öffnete. Er schildert aber auch ausführlich seine Jugend, die durch sinnliche Lüste und dem Streben nach materiellen Zielen geprägt war. Insofern ist der Titel *Bekenntnisse* in doppeltem Sinne zu verstehen: als Darlegung und Lobpreisung des Bekenntnisses zum christlichen Glauben, aber auch als ein Bekennen der eigenen Fehler und begangener Sünden. Aus diesem Werk sprechen insofern auch die Zweifel eines Menschen, der den Glauben entdeckt und sich fragt, was ihn sich zu falschen Zielen hinwenden lässt: „und ich sagte: Das ist Gott, und das ist, was Gott geschaffen hat, und Gott ist gut [...], aber, weil er gut ist, hat er nur Gutes geschaffen, und seht, wie er es umfaßt und erfüllt! Wo ist also das Böse, woher und wie hat es sich hier eingeschlichen?"[34] Und Augustinus, der die Zweifel in der eigenen Seele, die Anziehung sinnlicher Lust selbst erlebt hatte, kommt zu dem Schluss, „daß die freie Entscheidung des Willens der Grund für unser böses Tun ist"[35]. Bereits damit tritt also ein subjektiver Willen in sein Denken, der offenbar bewusst Gutes oder Böses wollen kann, und der sich dadurch unterscheidet vom Denken eines Platon oder Aristoteles, bei denen das Böse bloß ein Verfehlen des Guten war, quasi eine Unpässlichkeit im Denken, aber kein vorsätzliches Wollen.

Gott muss den Menschen also mit der Fähigkeit zum bösen Willen geschaffen haben. Im Gottesstaat begründet Augustinus, dass diese Konsequenz, die sich aus der Existenz eines bösen menschlichen Willens ergibt, nicht gegen eine vollkommene, vorherbestimmte göttliche Weltordnung spricht.[36] Vielmehr habe Gott den freien Willen des Menschen und damit sein potenziell böses Wollen gerade in seine Weltordnung eingeplant: er wisse zwar, wie sich der Mensch entscheiden wird, vorherbestimme dies aber nicht. Der Mensch bleibt also für sein Handeln vollumfänglich verantwortlich, und die Tatsache, dass Augustinus nun als Ziel des menschlichen Lebens die platonische Teilhabe an der Idee des Guten durch die Teilhabe an einem gesetzgebenden Gott ersetzt, schmälert diese Verantwortung in keinster Weise. Im Gegenteil, die bereits in den *Bekenntnissen* autobiographisch aufscheinende Möglichkeit des bösen Willens fügt sich später systematisch in Augustinus' theologische Konzeption: wie wir schon oben gesehen hatten, schließt das oberste Glück auch die affektive Komponente mit ein, indem die Gottesschau als ein Zur-Ruhe-Kommen, als Genuss, beschrieben wird. Hier nun kommen wir, in Verbindung mit dem freien Willen, wieder auf die schon aus der Antike bekannte Unterscheidung von Gutem und Nützlichem zurück: nur das Ewige, mithin Gott, ist Gut und darf daher Gegenstand des *Genusses* (lat. *frui*) sein. Alles Weltliche, Materielle hingegen, das nicht reiner

Selbstzweck ist, sondern nur dem Erreichen des höchsten Glückes dient, darf nur *gebraucht* (lat. *uti*) werden, „nicht wie es so viele Menschen auf verkehrte Weise tun, die das Geld genießen"[37]. Jede moralische Verfehlung ist also Folge der Neigung, Dasjenige *genießen* zu wollen, was nur im Rahmen des Nützlichen *gebraucht* werden sollte. Aber dieser Neigung nachzugeben oder ihr zu widerstehen, das liegt eben in der freien Entscheidungsmacht des Menschen: all sein Handeln und Tun, so betont Augustinus, ist Ausdruck seiner Motivation, seines Willens: „Denn in allen Regungen lebt ein Wille, ja mehr noch: sie alle sind nichts andres als Willensregungen."[38]

Auch wenn Augustinus dabei nicht den theologischen Rahmen verlässt; auch wenn er die einzelne Handlungsentscheidung (*liberum arbitrum*), die stets und immer frei getroffen wird, gedanklich trennt von der grundsätzlichen Handlungsneigung (*voluntas*); und auch wenn die *voluntas*, einmal zum Bösen sich gewendet, nur durch die göttliche Gnade wieder zum Guten gewendet werden kann; auch wenn also das, was bereits Aristoteles feststellte: dass nämlich tugendhaftes Handeln sich gerade dadurch auszeichnet, dass es immer, und nicht nur Fallweise das Gute will; auch wenn dieser antike Ansatz also zugunsten des Gnadengedankens quasi umgedreht wird, indem die *voluntas* bei Augustinus Wirkung auf die Einzelentscheidung hat, anstatt, wie in der Antike, die Summe aller Einzelentscheidungen erst tugendhaftes Verhalten ausmachte ; trotz, oder gerade wegen dieser Umkehrung und Einschränkung auf die Gnadenwirkung durch Gott, etabliert Augustinus eben doch einen Willensbegriff, der weit über die antike, rein rational begründete Willensentscheidung hinausgeht, indem das „böse", falsche, die Wahrheit verfehlende Verhalten in der Subjektivität, der individuellen Motivation des Menschen angesiedelt wird. So würden eben Diejenigen irren, „die behaupten, weil sie eine Zweiheit des Willens bemerkt haben, […] es gebe zwei Naturen von Seelenkräften, eine gute und eine böse. In Wahrheit sind sie selbst böse, wenn sie so

Böses denken, und werden als die gleichen, die sie sind, gut werden, sobald sie Wahres denken"[39].

Das Böse ist also nicht ein gegebenes Phänomen; der erste Mensch erschaffte es erst aus freiem Willen heraus in Form der Erbsünde, und jeder Mensch hat nun die angeborene, höchst subjektive Freiheit, sich für eine gute oder falsche *voluntas* zu entscheiden. – Diese Freiheits- und Willensbestimmung ist über den relativ langen Zeitraum von etwa 1000 Jahren, den wir hier unter dem Stichwort Mittelalter denken, nicht durchgehend erhalten geblieben. In den auf Augustin folgenden Jahrhunderten traten subjektiver Wille und Handlungsmotivation bei der Beurteilung menschlichen Handelns zunehmend in den Hintergrund; nicht zuletzt weltliche Umbrüche und Machtverschiebungen wie durch die Völkerwanderung und Invasionen unterstützten die Entwicklung hin zu Rechts- und Moralvorstellungen, die bloß noch auf die Handlungsergebnisse einer Tat rekurrierten und auf eine Beurteilung der individuellen Handlungsmotive verzichteten.[40] Wird durch meine Handlung ein Anderer geschädigt, dann – so sagt es das heutige Prinzip der Verschuldenshaftung – werde ich in der Regel nur dann zur juristischen Verantwortung gezogen, wenn ich diesen Schaden durch die Handlung vorsätzlich oder fahrlässig zu vertreten habe; eine wesentliche Voraussetzung für diese Verschuldenshaftung ist dabei die Annahme von Willensfreiheit: ich hätte mich vor der Ausübung der Tat auch anders entscheiden können müssen. - Für das frühmittelalterliche Recht kam es bei der Schuldzuweisung nur auf das Handlungsergebnis an: wenn durch eine Handlung Jemand zu Schaden kam, so war es unerheblich, ob ein vorsätzliches oder fahrlässiges Vertretenmüssen vorlag, und auch die Frage nach der Willensfreiheit trat als Grundlage der Schuldfrage in den Hintergrund.

Ganz ähnlich wirkte diese Rechtsauffassung in den Bereich sittlicher Lebensführung hinein, und so trat auch im ethischen Denken die subjektive Handlungsmotivation bald in den Hintergrund. Zwar wurde die Willensfreiheit des Menschen nicht grundsätzlich in Frage gestellt. Sie wurde aber anders gedeutet, als „richtige" Gestaltung des Verhältnisses zu Gott. So definierte etwa der aus Italien stammende und 1093 zum Erzbischof der englischen Grafschaft gewählte Anselm von Canterbury (1033 – 1109) die Willensfreiheit als „die Macht, die Rechtheit des Willens um dieser selbst willen zu bewahren"[41]; Mit dem Ausdruck „Rechtheit des Willens" meint Anselm die „richtige", weil gottgefällige und fromme Lebensweise. Platon und Aristoteles hätten in diesem Zusammenhang von Tugenden gesprochen. Anselms Definition der Willensfreiheit meint insofern nicht mehr und nicht weniger als die Fähigkeit zu tugendhaftem Handeln. Nach Anselm verfehlt der Mensch seine Freiheit, wenn er nicht tugendhaft handelt, wenn er also von der Freiheit, gottgefällig zu handeln, keinen Gebrauch macht. Er schließt also die von Augustin eingeräumte Möglichkeit eines Willens, der sich frei zwischen richtigem und falschem, gutem und bösem Verhalten entscheiden kann, ausdrücklich aus.[42] Damit steht Anselm deutlicher als Augustinus in der antiken Tradition, die ein Verfehlen des tugendhaften Verhaltens nicht als willentliche Entscheidung, sondern als bloße Verfehlung der tugendhaften Überlegung ansah. Diese Parallele wird sehr deutlich, wenn Anselm die grundlegende Fähigkeit zum rechten Willen von dessen Realisierung abgrenzt[43]: auch wer nicht dem rechten Willen entsprechend handele, hätte doch die Fähigkeit, die Freiheit dazu gehabt.[44]

An dieser Stelle lässt sich eine Parallele zur Gegenwart ziehen, für die ein Verlust der sittlichen Beurteilung von individuellem, aber auch staatlich-institutionellem Verhalten zu attestieren ist. Denken wir zum Beispiel an die großangelegten Aktionen zur „Bankenrettung" als Antwort auf die internationalen Verwerfungen auf dem Bankensektor in den Jahren 2007 und 2008. Die schnell als „systemrelevant" titulierten Pleitebanken wurden durch den Staat mit Steuergeldern „gerettet", und der in diesem Zusammenhang immer wieder auftauchende Vorwurf eines „Sozialismus für Reiche" könnte ja treffender nicht sein, wenn man bedenkt, dass allein in Deutschland zwischen 2008 und 2015 236 Milliarden Euro Steuergelder für die Rettung privater Geschäftsbanken[45], zumeist durch den Ankauf von Schuldenpapieren, aufgewendet wurden. Diese Papiere belasten darüber hinaus den Staatshaushalt, denn sie verbleiben in staatlichen „Bad Banks" - Schuldenbanken, die nicht nur die finanziellen Möglichkeiten des Staates aufgrund von Schuldenbremsen beschränken, sondern die zugleich dafür sorgen, dass Gewinne und Dividenden der privaten Geschäftsbanken, denen diese Papiere ursprünglich gehörten, gesichert sind.

Solche Vorgänge finden nicht in einem rechtlosen Raum statt. Die Verschuldenshaftung ist das Grundprinzip unseres Rechtssystems. Politisch aber sind solche Entscheidungen wie die Bankenrettung möglich geworden, die sich keinerlei ethischer Rechtfertigung mehr unterziehen müssen: fernab von einer ernstzunehmenden gesellschaftlichen Diskussion darüber, ob von Maß, Mitte und Ausgleich gesprochen werden kann, wenn der Staat hunderte Milliarden für Banken und Aktionäre ausgibt, gleichzeitig aber vor dem Bundesverfassungsgericht um jeden Euro am Existenzminimum von Sozialleistungsempfängern feilscht, erfolgt die praktische Rechtfertigung solcher Maßnahmen allein im Hinblick auf die Erreichung des Ziels, die angeblich systemrelevanten Geschäftsbanken mit der angeblich einzig möglichen Maßnahme zu retten.

Beredt ist das Schweigen, mit dem unsere Gesellschaft solche Entscheidungen akzeptiert, denn es ist offensichtlich, dass die nur zaghafte Kritik in den Medien und ausbleibender gesellschaftlicher Protest als Reaktion in keinem Verhältnis zu den mittel- und langfristigen finanzpolitischen Konsequenzen dieser Maßnahmen stehen. - Doch diese Maßnahmen wurden ja auch nicht *nicht* begründet: bloß war das angelegte Maß eben keines von Sittlichkeit und Ausgleich, sondern von einem politisch gesetzten Oberziel (Banken- und Dividendenrettung). *Insofern* sehen wir hier das gleiche Formalprinzip wie in der Ethik zwischen dem fünften und elften Jahrhundert: richtig ist ein Handeln, das einem Oberziel dient, nur dass aus dem Oberziel des Strebens nach göttlicher Gerechtigkeit das Oberziel der Dividendenrettung geworden ist.

Im Mittelalter wird es nach Augustinus erst der französische Geistliche Peter Abaelard (1079-1142) sein, der wieder ein stärker subjektives Denken in der Ethik etabliert. Er betont ausdrücklich, dass der Mensch in seiner Freiheit einen bösen Willen haben könne, was für Abaelard gleichbedeutend mit einem „sittlichen Fehler" bzw. der Neigung zu untugendhaftem Verhalten ist, etwa eine Neigung zur Maßlosigkeit statt zum Maßhalten oder zur Ungerechtigkeit statt zur Gerechtigkeit.[46]

Die Willenskonzeption Thomas von Aquins knüpft wiederum an der aristotelischen Tugendlehre an. Im Rahmen der schon skizzierten Gesetzeskonzeption ist der Mensch als Ebenbild Gottes Ursache seiner Werke, die sich von Gottes Werken durch den unüberbrückbaren Abstand zwischen endlicher und unendlicher, unvollkommener und vollkommener Beschaffenheit unterscheiden. Das Wirken des Menschen aber, das insofern nicht den Wirkungsbereich des Menschlichen und des Sozialen übersteigen kann, muss doch insgesamt auf das Letztziel der Gottesschau ausgerichtet sein, damit sein Wille „gut" genannt sein kann.[47] Dieses gute Wirken des Willens nennt Thomas in aristotelischer Tradition ausdrücklich Tugend,[48] aber eben diese Hinkehrung zum guten Handeln, zum Erkennen des Wahren, liegt in der freien Entscheidung des Menschen, denn die Natur „hat ihm den freien Wahlentscheid gegeben, damit er sich mit ihm zu Gott hinkehren kann, damit er ihn glückselig mache."[49]

Zusammenfassung

Durch die antiken Schulen inspiriert, wurden im Mittelalter eine Vielzahl ethischer Konzepte entwickelt, die die menschliche Willensfreiheit mal mehr, mal weniger intensiv zum Gegenstand ihrer Betrachtung machten, sie jedoch praktisch nie ganz leugneten. Dahinter stand auch eine recht pragmatische Zielsetzung der theologischen Denker: ihre Konzepte dienten nicht zuletzt der logischen Rechtfertigung des christlichen Glaubens, um diesen weiter zu verbreiten und in der Bevölkerung fester zu verankern. Die Wahrheit der christlichen Lehre musste also nicht nur logisch argumentiert werden. Vielmehr durften die Forderungen an ein frommes Leben dem Menschen auch nicht einfach aufgezwängt werden: es ging es den Denkern um die Herstellung eines Gesamtzusammenhangs, in dem der einzelne Mensch die Hoheit über sein eigenes Denken und Handeln behielt, ihm zugleich aber die einzig richtige – gottgefällige - Grundausrichtung seines Handelns vorgegeben wurde.

Natürlich ist diese Zielsetzung aus unserer Perspektive des aufgeklärten Menschen der Moderne klar bevormundend und manipulativ. Dennoch dürfen wir zweierlei nicht vergessen. Erstens, entstammten die an antiker Philosophie orientierten Konzepte nicht dem engeren Machtapparat der Kirche. Soll heißen: es handelte sich in der Regel nicht um Auftragsarbeiten einer Kirchenführung, deren Inhalt in erster Linie dazu bestimmt war, ein möglichst regelkonformes und kirchentreues Verhalten der Bevölkerung durchzusetzen. Vielmehr kann davon ausgegangen werden, dass die christlichen Denker ihren Glauben gerade aus tiefster Überzeugung philosophisch fundieren wollten, und häufig genug, vor allem seit dem 13. Jh., taten sie dies auch in zunehmender Opposition zur Kirchenführung, indem sie philosophische Theorien entwickelten, die immer deutlicher logische Erkenntnisse auch im offenen Widerspruch zu herrschenden Glaubenstheorien formulierten. So sah sich beispielsweise der Bischof von Paris 1277 veranlasst, 219 Thesen öffentlich zu verurteilen, die von Denkern der Pariser Fakultät der freien Künste stammten. Diese Thesen drückten nach Ansicht der Kirchenführer einen allzu großen Widerspruch zwischen christlichem und philosophischem Denken aus.

Der zweite Punkt, den wir bei einer kritischen Beurteilung der mittelalterlichen Ethiker nicht vergessen dürfen, ist für unseren Zusammenhang noch wichtiger. Die Vernunftforderung nach einem frommen, gottgefälligen Leben im christlichen Sinnhorizont mochte dem Menschen Selbstbeschränkung auferlegen, verwickelte ihn aber nicht in einen Selbstwiderspruch: das Ziel der diesseitigen Gottesschau als Vor-Versprechen auf ein jenseitiges Lebensglück wurde klar artikuliert, und alle sich daraus ergebenden Verhaltensforderungen systematisch und logisch aus der Glaubenskonzeption abgeleitet. Die Freiheit, dieses Lebensglück auch zu verfehlen, wurde innerhalb der Konzepte, wie wir sahen, ja ausdrücklich betont – wenn auch um den Preis, dann ein entweder willentlich „böses" Leben zu führen, oder quasi als „Irrtum" zu leben und seine Freiheit zu einem gottgefälligen Leben gänzlich zu verfehlen.

Doch solche Details hinsichtlich der Beschaffenheit von Willensfreiheit blieben theoretischer Natur. Für die Lebenspraxis des Menschen im Mittelalter mag es ein psychologischer Unterschied gewesen sein, ob ihm ein falsches, lasterhaftes Verhalten als willentlich-freier Wesenszug, oder gerade als Verfehlung seiner Freiheit angesehen wurde. Die Vernunftforderung aber der christlichen Lebenswelt, die gesellschaftliche Konvention, war stets die gleiche: es galt, die eigenen Begierden zu zügeln, christliche Rituale und Regeln zu befolgen und dadurch, je nach theologisch-philosophischer Konzeption, das diesseitige oder jenseitige Glück des Gottesschau zu realisieren.

Das Gute erhielt damit einen konsequenten Gottes-Bezug, die grundsätzliche Unterscheidung aber zwischen Gutem und Nützlichem blieb bestehen. Und genauso galt wie schon in der Antike: wer bloß dem Nützlichen nachstrebte, verfehlte sein Lebensglück. Besonders deutlich wird dies in einem Beispiel Augustinus' zur *uti-frui*-Unterscheidung: er vergleicht das menschliche Leben mit einer langen, kräftezehrenden Wanderung durch ein fremdes Land. Der Weg führt uns zurück in die Heimat, wo uns Erholung und Erfrischung erwarten. Doch dann werden unsere Sinne abgelenkt durch das Neue und Schöne des fremden Landes, wir lassen uns aufhalten und verzögern das Weiterziehen in die Heimat. Genau so würden wir handeln, wenn wir sinnliche Genüsse im Leben um ihrer selbst willen erstreben und darüber das wahre, geistige Ziel der Heimkehr zu Gott aus den Augen verlieren würden.[50]

Damit ergeben sich aus den ethischen Konzepten des Mittelalters dieselben Implikationen wie schon in der Antike: es bleibt eine Vernunftforderung, übergeordnete Ziele (Wahrheit, Gott) genau so wie praktische Lebenszusammenhänge (Polis, Gemeinwohl) vernunftmäßig zu erkennen und sein Handeln in sozial orientierter Selbstbeschränkung auf diese auszurichten. Mit einem Wort: wie auch immer man den Gottesbezug als Handlungshorizont bewerten mag, der Mensch blieb in einem stimmigen Gesamtzusammenhang eingebettet.

Neuzeit -
Rationalität und die menschliche Zerrissenheit

Im Morgengrauen des 7. September 1303 ziehen Truppen unter der Führung Guillaume de Nogarets, Ratgeber des französischen Königs Phillips IV., in das mittelitalienische Bergstädtchen Anagni ein. Ihr Ziel ist der Heimatpalast des Papstes Bonifatius VIII. Unter Bonifatius war der Streit um den Führungsanspruch der Kirche gegenüber König und Adel eskaliert: der Papst betonte die Unterstellung jeder weltlichen Macht unter das päpstliche Regiment. Von seiner vermeintlich sicheren Heimatstadt aus wollte Bonifatius mittels Protesten, Weisungen und einer Bannbulle die Entmachtung des französischen Königs und seiner Verbündeten vorantreiben. Zu letzteren gehörten inzwischen auch Teile des italienischen Adels, und so war es neben Nogaret auch Sciarra aus der römischen Adelsfamilie der Colonna, der im Verlaufe jenes Septembertages in die päpstlichen Gemächer einbrach. Gemeinsam drohten sie ihm, dass er auf seinen Papsttitel zu verzichten und sich in französische Gefangenschaft zu begeben habe, wenn ihm sein Leben lieb wäre, doch der 86-jährige Bonifatius war eher bereit seinen Tod in Kauf zu nehmen: „Hier mein Nacken, hier mein Haupt!" war seine Entgegnung.[51]

Bonifatius blieb zwei Tage lang in der Gefangenschaft von Nogaret und Sciarra, die sich aufgrund unterschiedlicher Interessenlagen nicht über eine Auslieferung des Papstes nach Frankreich oder seine Ermordung einigen konnten. So waren es die Bürger Anagnis, die sich bewaffneten und den Papst befreiten, der sodann nach Rom zurückkehrte und fünf Wochen später an Altersschwäche starb.

Dieses Ereignis steht symbolisch für die sich abzeichnenden Umwälzungen im Machtgefüge der mittelalterlichen Welt. Bonifatius wird für eine Zeitspanne von mehr als 100 Jahren der letzte Papst gewesen sein, der dieses Amt unangefochten von Rom aus führen sollte: nach ihm begann die Phase der Päpste von Avignon, bevor es ab 1378 zur wirklich existenzbedrohenden Krise der Kirche kam, ausgelöst durch die Rückkehr des Papstes nach Rom und die Wahl eines avignonesischen Gegenpapstes durch französische Kardinäle. Eine die kirchliche Autorität und ihren Machtanspruch erheblich schwächende Situation, die erst mit dem Konzil von Konstanz zwischen 1414 und 1418 beendet werden sollte.

Ihre weltliche Machtfülle aber wird die Kirche nicht wiedererlangen. Und indem die weltlichen Herrscher ihre Autonomie gegenüber der Kirche entwickeln, so setzen sich auch im Adel neue Normen durch: nicht nur politische Einflussnahme gewann an Bedeutung; auch eine umfassende Bildung in den *freien Künsten*, die sich an antiken Bildungsidealen orientierten, entwickelte sich zu einem elementaren Element der gesellschaftlichen Stellung. Und so entstand letztlich ein Mäzenatentum, das den Renaissance-Humanismus schließlich zum Erblühen brachte und eine sich von religiösen Reglementierungen befreiende Entwicklung in Kunst, Wissenschaft und Philosophie ermöglichte.

Indem sich also Künste und Wissenschaften von der Kirche emanzipieren, tritt der Mensch (wieder) in den Mittelpunkt. Für die Philosophie bedeutete das zunächst, dass das Denken wieder befreit wurde von dem teleologischen Gotteshorizont, der in der mittelalterlichen Rezeption antiker philosophischer Konzepte diesen als Grundlage eingearbeitet wurde. Der Begriff (Früh-) Renaissance trifft die Entwicklung in diesem Sinne sehr genau: eine Wiedergeburt des antiken Denkens insofern, als dass, befreit von christlichen Vorgaben, erneut grundlegend über das Menschsein und des Menschen Stellung in der Welt und in der Gesellschaft nachgedacht wurde. Aber es war eben auch noch nicht mehr: es ging zunächst um den Eigenwert, der dem

Menschen als Mensch an sich zukam, noch nicht um einen wie auch immer verstandenen Individualismus.

Einen ersten Eindruck, wie sich das Denken langsam vom kirchlichen Korsett löste und das Menschsein (wieder) in den Mittelpunkt rückte, mag die – niemals gehaltene – Eröffnungsrede des italienischen Philosophen Pico della Mirandola (1463-1494) zu einer – niemals stattgefundenen – Disputation geben. Pico plante eine Art philosophischen Weltkongress in Rom durchzuführen, in dessen Rahmen er seine am platonischen Menschenbild orientierten philosophischen Vorstellungen erläutern und verteidigen wollte. Doch einige seiner Thesen traten in allzu offenen Widerspruch zur christlichen Lehre, so dass Papst Innozenz VIII. die Realisierung dieses Vorhabens verhinderte.

Pico zeichnet in seiner – später *Über die Würde des Menschen* betitelten – Rede das Bild eines hinsichtlich seiner Bestimmung schlechterdings *unendlich* freien Menschen: rhetorisch noch im christlichen Glauben verankert, lässt er in seiner Rede Gott-Vater selbst zu Wort kommen, der zu dem von ihm geschaffenen Menschen spricht: „Wir haben dir keinen festen Wohnsitz gegeben, Adam, kein eigenes Aussehen noch irgendeine besondere Gabe, damit du den Wohnsitz, das Aussehen und die Gaben, die du selbst dir aussiehst, entsprechend deinem Wunsch und Entschluß habest und besitzest. Die Natur der übrigen Geschöpfe ist fest bestimmt und wird innerhalb von uns vorgeschriebener Gesetze begrenzt. Du sollst dir deine ohne jede Einschränkung und Enge, nach deinem Ermessen, dem ich dich anvertraut habe, selber bestimmen. Ich habe dich in die Mitte der Welt gestellt, damit du dich von dort aus bequemer umsehen kannst, was es auf der Welt gibt. Weder haben wir dich himmlisch noch irdisch, weder sterblich noch unsterblich geschaffen, damit du wie dein eigener, in Ehre frei entscheidender, schöpferischer Bildhauer dich selbst zu der Gestalt ausformst, die du bevorzugst. Du kannst zum Niedrigeren, zum tierischen entarten; du kannst aber auch zum Höheren, zum Göttlichen wiedergeboren werden, wenn deine Seele es beschließt."[52]

Der Mensch bleibt hier formal innerhalb der göttlichen Ordnung, doch erhebt er sich in dieser Konzeption tatsächlich über die Schranken dieser Welt: er wird zum Schöpfer seiner eigenen Welt, seine Bestimmung liegt nicht mehr in einer jenseitigen Unendlichkeit, sondern allein im Prozess seiner eigenen Verwirklichung – einer Verwirklichung, die inhaltlich keiner Forderung mehr unterliegt. Augustinus hatte dem Menschen einen freien Willen, ja sogar individuelle Motivation eingeräumt, aber letztlich führte ein „böser Wille" doch zum Verfehlen seines Menschseins. Bei Pico tritt der Mensch aus dieser Reglementierung heraus: er kann rein sinnlich und damit gleichsam tierisch leben genauso wie seine Vernunft und somit sich selbst „zu einem himmlischen Lebewesen entwickeln"[53]. Ja mehr noch: er kann Geist und Liebe, Vernunft und Sinnlichkeit in sich vereinigen, und sich somit „ins Zentrum seiner Einheit"[54] zurückziehen. Hier begegnet uns zum ersten mal ein Gedanke, der in einer späteren Phase der Umbrüche und der Entdeckung der Ästhetik eine ganz entscheidende Rolle spielen wird: die Entdeckung einer Balance aus Sinnlichkeit und Vernunft, in der der Mensch sein höchstes Sein realisieren kann. Bei Pico freilich bedeutet dieses höchste Sein, dass der Mensch selbst zum Schöpfer *seiner* Welt wird: „Sodann wird uns, wenn wir philosophieren, der Musenfürst Bacchus in seinen Mysterien, das heißt den sichtbaren Zeichen der Natur, das Unsichtbare des Gottes zeigen und uns mit dem überfließenden Reichtum von Gottes Haus berauschen, in dem die heilige Teologie überall [...] zu uns kommen und uns mit doppelter Verzückung begeistern wird. Denn auf ihre erhabene Warte erhöht, werden wir von dort die Dinge, die sind, die sein werden und die waren, an der unteilbaren Ewigkeit bemessen und ihnen apollinische Seher, werden wir die ursprüngliche Schönheit bewundern und deren geflügelte Liebhaber sein, und schließlich werden wir, von unaussprechlicher Liebe wie durch einen Stachel aufgejagt, wie glühende Seraphim außer uns geraten, der Gottheit voll, nicht mehr wir selbst, sondern der sein, der uns geschaffen hat."[55] – Gleichwohl kann diese Schöpferkraft natürlich nur eine geistige sein: der Mensch ist als Naturwesen den Naturgesetzen unterworfen, und will er gottesgleich Schöpfer seiner eigenen Werke sein, so ist ihm dies nur im geistigen Bereich möglich. Der Mensch steht der realen Welt gegenüber – doch bleibt sein schöpferischer Freiheitsbereich ein rein geistiger. – Wir werden später sehen, wie ästhetische Konzeptionen eine Verbindung von geistiger Freiheits- und realer Weltensphäre begründen werden. Pico, so können wir an dieser Stelle festhalten, verfehlt die Verbindung des als frei gedachten, geistigen Menschen zu seiner materiellen Umwelt; denn es gelingt ihm nicht zu zeigen, wie denn der Mensch seine geistige Entscheidungsfreiheit für jede nur erdenkliche Lebensform in der realen Lebenspraxis umsetzen kann.

Hier deutet sich eine Bruchstelle an, die zunächst einmal eine Leerstelle ist: dorthin, wo Pico offenlässt, wie der Mensch seine grenzenlosen Wünsche realisieren soll, tritt eine zweite Sichtweise, die wiederum die materielle Seite überbetonen wird: neben das Ideal des humanistischen *Bildungs*wissens tritt das Ideal des *Leistungs*wissens, das nicht mehr fokussiert, das der Mensch *alles aus sich machen kann*, sondern das er *alles machen kann*.[56]

Letztere Sichtweise tritt etwa bei dem italienischen Humanisten Cristoforo Landino (1425-1498) zutage, wenn er in einem fiktiven philosophischen Streitgespräch den Lorenzo de Medici sagen lässt: „Wenn nun unter der Schar [der tätigen Handwerker, Anm. d. V.] euer Philosoph auftaucht, der seiner Muße lebt, Maulaffen feilhält, nur für sich allein da ist, sich in seiner Bibliothek verkriecht, niemals ausgeht, mit keinem Menschen verkehrt, niemand begrüßt und weder in privater noch in öffentlicher Tätigkeit etwas leistet: welche Rolle im Gemeinwesen sollen wir ihm geben, was ist der Beitrag, den er der Allgemeinheit liefert, wohin können wir ihn stellen, welchen Platz sollen wir ihm anweisen?"[57] Und der humanistische Pädagoge Vittorino da Feltre (1378-1446) formulierte noch prägnanter: „Der Ruhm eines Mannes hängt von seiner Aktivität ab."[58]

Erinnern wir uns einen Moment lang der Ausgangslage des sokratischen Philosophierens: Sokrates zeigte auf, dass die sophistische Verteidigung der Redekunst bloß den eigenen Interessen des Redners galt, und dass diese Interessen keinesfalls automatisch einem ethisch definierten Worumwillen, sprich: dem Wahren und Guten, entsprechen müssten. Hier nun sehen wir das Paradoxon vor uns, dass im Augenblick der frühneuzeitlichen Renaissance; dass also in dem Augenblick, in dem die italienischen Humanisten das Denken und die Ideale der Antike wiederentdecken und von den Reglementierungen eines christlichen Dogmatismus zu befreien suchen; dass in eben jenem historischen Augenblick die von den antiken Denkern geschaffene Einheit von Wahrem und Gutem wieder zu zerfallen beginnt. – Hatten die mittelalterlichen Denker auch das Worumwillen vor den Horizont einer christlichen Heilsvorstellung gelegt – die Einheit von Wahrem und Gutem, die Richtlinie also einer ethischen Handlungsorientierung, blieb doch erhalten; und insofern im Mittelalter auch die antike Priorität einer kontemplativen Lebensweise vor einer praktischen Tätigkeit erhalten blieb, blieb auch das Wahre stets im Handlungshorizont des tätigen Menschen. Anders ausgedrückt, und wie etwa bei Thomas von Aquin schon deutlich wurde: der theoretische Hintergrund des göttlichen Gesetzes machte ein am Gemeinwohl orientiertes politisches Handeln genauso zur Pflicht, wie es zuvor die rational ausgerichtete antike Tugendethik getan hatte.

Erst nach dem Autoritätsverlust der lateinischen Kirche und dem Wegfall eines unhinterfragt akzeptierten jenseitigen Worumwillens kommt es nun zu einem Umkippen dieser Bestimmung des Guten als einer Handlung aus der Kenntnis des Wahren heraus: vielmehr bestimmt nun – wieder, wie im sophistischen Denken – der Handlungserfolg das praktische Leben.

Die Binse, dass wer zahlt, die Musik bestimmt, mag auch im Schreiben der humanistischen Denker eine Rolle gespielt haben. Man wollte nicht mehr abhängig sein von der Kirche – war insofern aber auf anderweitige finanzielle Förderung des freien Schaffens angewiesen. Damit fanden sicherlich auch die Interessen der Geldgeber – aufsteigender Herrscher- und Kaufmannsfamilien – leichteren Eingang in philosophisches Denken. Das obige Zitat des Landino mag als Beispiel dafür gelten, wenn er in seinem Werk ganz direkt einen Medici zu Worte kommen lässt – ein Mitglied jener einflussreichen florentinischen Kaufmannsfamilie, die zu Landinos wesentlichen Förderern gehörte.[59] Die von ihm geäußerte Auffassung, dass es eben zuvorderst darauf ankäme, tätig zu sein, dass also auch die Mehrung des eigenen Reichtums durch diese Tätigkeit im Zweifel besser ist als auf wahrhaft Gutes gerichtete Kontemplation, dürfte den Interessen einer Medici-Familie aufs genaueste entsprochen haben.

Diente die Orientierung am Wahren und Guten bei Platon und Aristoteles letztlich der Herleitung eines idealtypischen Staates, so wird die frühneuzeitliche Orientierung an der Zweckmäßigkeit des Handelns zum Beispiel zu Niccolò Macchiavellis Staatstheorie *Der Fürst* (1513) führen: Macchiavelli legt darin sein Bild vom grundsätzlich schlechten, eigennützigen und undankbaren Menschen zu Grunde und schließt daraus, dass der Herrscher, will er seine Macht auf Dauer sichern, sein Handeln nicht vor allem auf das Gute für die Menschen ausrichten dürfe; vielmehr müsse er die Menschen in Furcht halten, denn nur so seien sie steuer- und berechenbar, und so sei es ausdrücklich legitim, wenn der Herrscher über schlechte Menschen auch selbst in seinem Handeln nur das eigene Gute, nicht ein allgemeines Gut im Blick habe.

Doch es entstehen in der Neuzeit auch Gegenmodelle, die sich wiederum an der idealtypischen platonischen Staatsausprägung orientieren. Als Beispiel möge das Werk *Utopia* des englischen Lordkanzlers Thomas Morus aus dem Jahr 1516 dienen. Morus gliedert seine Staatsutopie in zwei Bücher, deren erstes eine Kritik der gesellschaftlichen Verhältnisse in England enthält: er prangert eine ungerechte Gesellschaft an, in der eine kleine Klasse von Besitzenden die arme und auf Einkommen angewiesene Masse ausnutzt und, bei zwangsläufig vorkommenden Diebstählen, hart und bis zum Tode bestraft. Dem gegenüber stellt er im zweiten Buch einen Reisebericht aus dem fiktiven Staat Utopia, in dem eine nach seinen Vorstellungen ideale Gesellschaft realisiert ist: Hier herrscht völlige Gleichheit unter den Menschen, ein Jeder arbeitet nur sechs Stunden am Tag und wirkt dadurch an der Herstellung der stets öffentlich und allen zugänglichen Gütern mit. Geld wird keines benötigt, da alles Lebensnotwendige kostenlos zur Verfügung gestellt wird, und im übrigen herrscht eine demokratische Staatsform insofern, als dass Beamte und Senatsmitglieder jährlich aus dem Volke neu gewählt werden. Und indem Morus die in Utopia vorherrschenden Ansichten über das Gute, das Glück und die Tugenden beschreibt, skizziert er auch seine Sicht auf diese klassischen ethischen Fragen: Tugendhaftigkeit liegt in einer vernunftgesteuerten Lebensführung, die aufgrund des natürlichen Gemeinschaftsgefühls des Menschen immer auch das Glück des Anderen im Blick hat. „Falsche Vergnügungen" wie die Anhäufung von Reichtum oder Zerstreuung in oberflächlichen Vergnügungen werden daher als Verfehlung angesehen. Glück liegt für die Bewohner von Utopia zuvorderst in der körperlichen Gesundheit als grundlegender Voraussetzung, sodann aber in dem Erkennen des Wahren, das letztlich wiederum auch religiöse Komponente umfasst. Letztlich tritt hier der antike Ansatz wieder deutlich hervor: Gutes und Wahres fallen im Worumwillen und im Glück zusammen.

Morus' Utopia ist insofern platonisch, als dass ein idealtypischer Staat entworfen wird, der dazu dient, das Gute für das Volk zu realisieren, indem jede Bürgerin und jeder Bürger seine Aufgabe im

Gemeinwesen rational erkennt und erfüllt. Wie bei Platon ist dieser Staat in Ständen organisiert, und die große Gruppe der werktätigen Bevölkerung stellt alle gemeinschaftlich benötigten Waren gemeinschaftlich her. Der Freiheitsbegriff ergibt sich also, ganz wie in der Antike, als Erkenntnis des wahren Guten und als Besinnung auf den natürlichen Gemeinsinn.

Der große Widerspruch, der sich zwischen Machiavellis *Fürst* und Morus' *Utopia* auftut, steht sinnbildlich für die Zerrissenheit im Menschenbild, die sich in der frühen Neuzeit entwickelt: befreit von den Fesseln kirchlicher Obrigkeit, wankt der Mensch zwischen humanistischer Bildung und Leistungsdenken, zwischen Individualität und Gemeinsinn. Letzteren will auch der italienische Dominikanermönch Tommaso Campanella in seinem *Sonnenstaat* (veröffentlicht 1623) verwirklicht sehen; auch Campanella will die individualistische, Ungerechtigkeit und Ungleichheit verstärkende Gesellschaftsform mittels einer idealtypischen Gesellschaft nach platonischem Vorbild überwinden. Allerdings tritt bei Campanella der freiheitliche Vernunftaspekt schon in den Hintergrund, ja, geht sogar völlig verloren: Gleichheit wird nur noch in ökonomischer Hinsicht realisiert, ansonsten hat sich die Bevölkerung hinsichtlich Lebensgestaltung, Bildung und Familienplanung konsequent den Vorgaben eines obersten Priesters und seiner Mitregenten zu unterwerfen; nicht mehr Gerechtigkeit und Maß sind die wichtigsten Tugenden, sondern: Unterordnung und Gehorsam: „Wenn aber ein Verbrechen gegen die Freiheit des Staates, gegen Gott oder gegen die obersten Behörden begangen worden ist, so erfolgt die Hinrichtung ohne Erbarmen sofort. Solche Verbrecher werden nur mit dem Tode bestraft."[60]
Wenn sich die idealtypische Ausrichtung des *Sonnenstaates* also am Idealstaat der Antike orientiert, wird hier doch auch ein erhebliches totalitaristisches Potenzial in der konkreten Ausgestaltung deutlich.

Tatsächlich trägt auch Campanellas Biographie durchaus radikale Züge: er hatte 1599 an den Vorbereitungen zu einem Aufstand gegen die spanische Herrschaft in Süditalien teilgenommen. Ziel dieses Aufstandes war die Etablierung einer unabhängigen Republik Kalabrien, und langfristig einer Weltrepublik mit einer Gesellschaft ohne Privatbesitz unter der Führung der katholischen Kirche.[61]

Einen anderen Hintergrund hat die Ausgestaltung der staatsutopischen Schrift *Neu-Atlantis* von Francis Bacon (1624 niedergeschrieben). Bacon platziert seinen Idealstaat auf einer fiktiven Insel namens Bensalem. Formal folgt er der antiken Vorlage, insofern es sich bei Neu-Atlantis um einen streng ständisch-hierarchisch organisierten Staat handelt, in dem die Mehrung des gesellschaftlichen Glücks oberstes Staatsziel ist. Und auch Neu-Atlantis ist als idealstaatliche Kritik an der zeitgenössischen gesellschaftlichen Realität angelegt.[62] Der Bruch mit der antiken Vorlage und den Staatsutopien von Morus und Campanella ist auch nicht darin zu sehen, dass eine genaue Zeichnung der sozialen Lebensverhältnisse ausbleibt.[63] Entscheidend ist vielmehr die Beschaffenheit der herrschenden Klasse: für Platon galt als befähigt für die höchsten Staatsämter, wer die Wahrheit, und damit das Gute für das menschliche Leben und das Volk erkannt hatte. Bei Morus und Campanella waren Diejenigen die moralischen Führer des Volkes, die das im Sinne eines christlichen Gemeinwesen Gerechte und Gute, mit einem Wort: Tugendhafte verfolgten. Bacon hingegen folgt seinem fortschrittstheoretischen Programm und erhebt die Mitglieder einer Wissenschaftsgesellschaft zu den wichtigsten Personen im Staate:[64] nicht mehr das Ideelle ist das Gute, nicht mehr das Wahre im Sinne tugendhaften Verhaltens der Maßstab des Handelns, sondern allein: wissenschaftliche Erkenntnis zum Nutzen des Menschen.

Bacons *Neu-Atlantis* ist Ausdruck der philosophischen Konzeption des ersten konsequenten Empiristen. Schon in seinem zentralen Werk, dem *Novum Organum* von 1620, hatte er eine konsequente Grundlegung aller Erkenntnis in der Erfahrung gefordert. In einer Zeit bahnbrechender wissenschaftlicher Entdeckungen – Nikolaus Kopernikus leitet mit der Veröffentlichung seine astronomischen Berechnungen 1543 den Zusammenbruch des ptolemäischen Weltbildes ein, William Gilbert beschreibt 1600 seine Entdeckungen auf den Gebieten des Magnetismus und der Elektrizität, und Johannes Kepler veröffentlicht 1609 mit den ersten Keplerschen Gesetzen seine Erkenntnisse zur Gravitationslehre, um nur einige Beispiele zu nennen –; in dieser wissenschaftlich fruchtbringenden Epoche also wurde Bacon zum rigorosen Kritiker einer auf metaphysischen Überlegungen basierenden Philosophie: die *Methode* der Erkenntnis sollte nicht idelogische Vernunftbetrachtung, sondern experimentell systematisierte Naturerfahrung sein; das *Ziel* der Erkenntnis sollte nicht mehr im Erkennen eines ideellen Wahren und Guten liegen, sondern in der Zweckmäßigkeit und im praktischen Nutzen der wissenschaftlichen Erkenntnisse für das Leben des Menschen.

Rationalität ersetzt Menschsein

Die ethischen Moralkonzepte hatten in Antike und Mittelalter stets das Gute in Form des Erkennens des wahren Menschseins, das Erkennen auch von praktischen Lebenszusammenhängen und insofern eines einheitsstiftenden Lebenssinns zur Folge gehabt. Freiheit wurde verstanden als Freiheit zur Verwirklichung dieses Menschseins. Das Werkzeug dazu war der spezifisch menschliche Vernunftgebrauch. Wenn auch die mittelalterliche Philosophie durch den teleologischen Gottesbezug die Qualität des Wahren einschränkte, insofern es nun außer Frage stand, dass Gott diese zu erkennende Wahrheit ist und nichts sonst, so blieb dennoch die menschliche Freiheit prinzipiell bestehen. Denn das Erkennen von göttlicher Wahrheit - und damit dem

Lebenssinn – lag innerhalb dieses Denksystems in der Verantwortung des eigenen Vernunftgebrauchs.

Wir haben gesehen, dass diese sinnstiftende Definition des Menschseins, dieses einheitliche und vereinheitlichende Menschen- und Gesellschaftsbild, in der frühen Neuzeit von zwei Seiten angegriffen wird: von der Seite eines Leistungsdenkens, dessen Proponenten in der aufsteigenden Bürger- und Adelsklasse zu suchen sind, denen das (persönlich) Gute näher steht als das Wahre im Sinne eines auf gesellschaftliche Ausgleich bedachten Guten. Dass sich diese Handlungsorientierung oftmals hinter ethischen Konstrukten und vermeintlicher Tugendhaftigkeit versteckt, wird etwa vom französischen Moralschriftstellern La Rochefoucauld in seinen *Réflexions ou Sentences et Maximes Morales* thematisiert: „Was wir für Tugenden halten, ist oft nur eine bunte Reihe von Handlungen und Interessen, die das Schicksal oder unser eigenes Geschick zu einem Ganzen verbunden hat: und nicht immer aus Tapferkeit und Keuschheit sind die Männer tapfer und die Frauen keusch.“[65] La Rochefoucauld stellt den verdeckten Eigennutz in beißenden Maximen bloß, wie „Der Eigennutz spricht jede Sprache und spielt jede Rolle, selbst die der Uneigennützigkeit.“[66] oder „Aufrichtigkeit ist Offenheit des Herzens. Man findet sie bei sehr wenig Menschen, und die man gewöhnlich sieht, ist nur feine Verstellung, um das Vertrauen anderer zu gewinnen.“[67] Und schließlich unterstreicht er auch die Relevanz der schon von Platon eingenommenen Position, dass die moralische Integrität, etwa eines Politikers, von entscheidender Bedeutung ist: „Den Ruhm großer Männer muß man stets an den Mitteln messen, wodurch sie ihn errungen haben.“[68]

Von der anderen Seite aus erfolgt der Angriff auf die normativen Moralsysteme durch den Empirismus, der im Gefolge einer aufblühenden Naturwissenschaft und eines Materialismus daherkommt. Ein Materialismus, der die gesamte Natur einschließlich des Menschen als nach mechanischen Prinzipien konstruierte Wirklichkeit sieht. Diese Wirklichkeit wollen die Empiristen ausschließlich aus rein sinnlicher

Erfahrung erkennen und von jeglicher metaphysischer Spekulation befreien: die Welt des Menschen ist eine real-sinnliche Lebensumwelt, und die geistige Spekulation über höhere Werte und Sinnzusammenhänge lenkt den Menschen nur von seinem Fortschritt, von der Nutzbarmachung seiner naturwissenschaftlichen Erkenntnisse, ab.

Das empiristisch-materialistische Weltbild wird ausbuchstabiert bei Naturphilosophen wie Paul-Thiry d'Holbach (1723-1789), der seine Kritik an gesellschaftlichen Missständen darauf gründet, dass geltende Moralprinzipien auf theoretischen Überlegungen anstatt auf empirischen Erfahrungen aufbauen würden; jene aber wären rein spekulativ und könnten somit zwangsläufig nicht zu objektiv richtigen Normen führen. Und der Arzt und Philosoph Julien Offray de La Mettrie (1709-1751) überträgt in seinem Werk *Der Mensch als Maschine* den mechanistischen Naturgedanken radikal auf das menschliche Sein: die Seele könne nicht mehr sein als eine Funktion des denkenden Gehirns, das nach mechanistisch-physikalischen Prinzipien arbeite. Das Fühlen liege mithin genau so wie das Denken des Menschen bereits in der Natur begründet. La Mettrie spricht von einem „Natürlichen Gesetz", einem „Gefühl, das uns sagt, was wir anderen nicht tun sollen, weil wir nicht wollen, daß man es uns tut"[69]. Durch die Teilhabe an diesem Natürlichen Gesetz ist der Mensch glücklich, denn dies ermöglicht ihm die friedliche und erfüllende Koexistenz mit Anderen. Mehr noch: bei La Mettrie haben alle Lebewesen Teilnahme an diesem Gesetz. Da in allen Lebewesen dieselben, mechanistisch-physikalischen Naturgesetze wirken, würden auch Tiere ein natürliches Moralempfinden haben, so dass „auch die wildesten und grausamsten unter ihnen hin und wieder Reue empfinden"[70]. Die Moral, die für den gesellschaftlichen Zusammenhalt sorgt genauso wie für ein intakte Lebensumwelt des Menschen überhaupt, wird also mit dem Menschen zur bloßen Funktion mechanischer Prinzipien.

Wie schon bei Aristoteles fußt das Moralempfinden also letztlich auf einem naturgegebenen Vermögen. Aber welch ein Unterschied in den Konsequenzen! - War bei Aristoteles die menschliche Vernunft nur ein Werkzeug, um die transzendente Wahrheit und das Gute zu erkennen, so wird bei La Mettrie beides nun eins: das moralische Empfinden des Menschen *ist* sein Denken, es gibt kein übergeordnetes Gutes mehr, das durch es erkannt werden könnte. Und so kann zum Beispiel für La Mettrie auch der „Heißhunger alle anderen Gefühle übertönen; er ist ein Wahnsinnsanfall des Magens, dem zu entsprechen man gezwungen ist"[71].

Die antike, mittelalterliche wie auch humanistische Freiheitsdefinition des Menschen, der durch Vernunftgebrauch eine wie auch immer definierte Wahrheit erkennt und also Freiheit gerade lebt, indem er seine Tugenden entwickelt und eine verantwortliche Rolle in der Gesellschaft einnimmt – diese Freiheit in der Handlungsentscheidung verkommt bei La Mettrie zur mechanischen Reaktion auf Triebe und Bedürfnisse: nur noch Lust und Unlust steuern das menschliche Handeln, und wenn keinerlei übergeordnete Normen darauf noch Einfluss nehmen, dann ist das für La Mettrie keine Einschränkung der Freiheitsperspektive, sondern bloß eine Befreiung ethischen Denkens von fehlgeleiteten, weil unbeweisbaren moralischen Spekulationen. - Dies alles, wohlgemerkt, in Anbetracht eines neuzeitlichen rationalistischen Denkens, das durch René Descartes (1596-1650) seine Grundlegung erfuhr und seinerseits die Wissenschaft von unbewiesenen Annahmen befreien wollte.

Auch Descartes, den wir aufgrund seiner wegweisenden rationalistischen Konzeption mit Recht als Vater der neuzeitlichen Philosophie bezeichnen dürfen, hatte die sinnliche Erfahrung zum Ausgangspunkt jeder Erkenntnis erhoben. Doch er betonte gleichzeitig, dass jede Erkenntnis nur der Beginn eines rationalen Erkenntnisprozesses sein könne: nur im Denken kann sich der Mensch der Richtigkeit seiner gewonnenen Erkenntnisse vergewissern. Dies –

der hohe Stellenwert gedanklicher Erkenntnisprozesse auf der Basis sinnlicher Erfahrung – unterscheidet die Rationalisten von den Empiristen, für die die Erfahrung *alles* ist. Und so erschafft Descartes nicht nur die Wissenschaftsfundierung des Empirismus, sondern zugleich das große Problem des neuzeitlichen Denkens: den Leib-Seele-Dualismus, und die damit verbundene Schwierigkeit, wie sich die grundsätzlich voneinander unabhängigen[72] Sphären des Denkens und des Materiellen begründen, und auf welche Art und Weise sie sich wieder vereinen lassen, so dass die Welt nicht in eine *res cogitans* – eine Seelenwelt des Denkens – und eine res *extensa* – die leibliche Welt der körperlichen Gegenstände – zerfällt.

Das menschliche Leben, das schon mit dem Einbruch der Neuzeit begann, auseinanderzudriften in einen tätigen und am Leistungsdenken orientierten Teil einerseits, und einen moralisch-kontemplativen, am Wahren und Guten ausgerichteten Teil andererseits – dieses auseinanderdriftende Menschenbild zerfällt mit dem Leib-Seele-Dualismus Descartes' also vollends in eine materielle und eine geistige Sphäre. Die sinnstiftende Einheit des Menschen ist damit zerbrochen, und es verwundert nicht, dass Descartes, der große metaphysische Denker und Wegbereiter der neuzeitlichen Metaphysik, praktisch keine Gedanken zur Ethik hinterlassen hat. Im Gegenteil, ausdrücklich hält er fest: „Genauso bildete ich mir eine vorläufige Moral, damit ich in meinen Handlungen nicht unentschlossen bliebe, während die Vernunft mich verpflichtete, es in meinen Urteilen zu sein, und damit ich es nicht unterlassen würde, währenddessen so glücklich weiterzuleben, wie ich konnte. Diese Moral bestand aus drei oder vier Grundsätzen"[73].

Die einseitige empiristische Betonung der Erfahrung kann auch als Versuch der Überwindung des Leib-Seele-Dualismus gesehen werden, und es ist leicht nachvollziehbar, dass die moralische Leerstelle, die die neuzeitliche rationalistische Philosophie schuf, von den Empiristen geschlossen wurde. Ähnlich wie sich bei La Mettrie das Luststreben als Handlungsmaxime gleichsam zwangsläufig aus dem naturgesetzlichen

Mechanismus der menschlichen Motivation ergibt, begründen auch die englischen Empiristen Thomas Hobbes (1588-1679) und John Locke (1632-1704), dass der Mensch sein Handeln schlicht daran zu orientieren habe, was ihm helfe, Angenehmes zu erreichen oder Unangenehmes zu vermeiden, Mit einem Wort: erste Formen eines Utilitarismus setzen sich durch, der das gesamte Handeln nur noch unter Nutzenaspekten betrachtet. David Hume (1711-1776) versuchte, Nutzenperspektive und Gemeinwohl zu verbinden, indem er dem Menschen einen angeborenen Sinn für das Gemeinwohl attestierte; letztlich eine Variation der Feststellung La Mettries, dass der Einzelne sich in einem mechanistischen Kausalzusammenhang befindet und in diesem erkennt, dass gesellschaftlicher Zusammenhalt auch für ihn selbst nutzbringend ist. - Im übrigen wird Hume betonen, dass die Handlungsentscheidung in letzter Konsequenz eine Sache des Gefühls und nicht der Vernunft ist, insofern „das endgültige Urteil, das Charaktere und Handlungen als liebens- oder hassenswert, lobens- oder tadelnswert erklärt [...] von einem inneren Sinn oder Gefühl abhängt, das die Natur dem ganzen menschlichen Geschlecht verliehen hat"[74].

Selbstwidersprüche und gesellschaftlicher Druck

Wenn wir Descartes den Vater der neuzeitlichen Philosophie genannt haben, dann deshalb, weil er mit dem Ansatz des radikalen Zweifels die Grundlage für das gesamte philosophische Denken bis in die Moderne hinein schuf: jede Erkenntnis hat von der sinnlichen Erfahrung auszugehen, muss aber grundsätzlich aufgrund der Fehlbarkeit unserer sinnlichen Wahrnehmung rational hinterfragt werden. Die Scheidung von Sinnlichkeit und Verstand, der cartesische Leib-Seele-Dualismus, ist formaler Ausdruck der mit dem Beginn der Neuzeit einsetzenden Entwicklung, die oben nachskizziert wurde: tradierte Normen und Gewissheiten hinsichtlich der Beschaffenheit von Welt und Gesellschaft gehen verloren und werden kritisch hinterfragt. Durch die Grundlegung Descartes' kann dieser Kritizismus systematisch werden und findet seinen Höhepunkt in den drei *Kritiken* Immanuel Kants (1724-1804). Kant beschäftigt sich in Form kritischer Analysen gängiger philosophischer Annahmen mit den wichtigsten Teildisziplinen der Philosophie. Seine *Kritik der reinen Vernunft* entwirft ein ganz neues System der theoretischen Erkenntnismöglichkeiten des Menschen, der als Sinneswesen den physikalischen Gesetzen seiner Welt unterworfen ist; die *Kritik der praktischen Vernunft* begründet die kantische Ethik, derzufolge der Mensch als Vernunftwesen bestimmend in der Welt des Denkens ist; und die *Kritik der Urteilskraft* versucht gleichsam beide Sphären miteinander zu verbinden. – Zugleich beginnt damit aber auch die Überwindung des reinen Kritizismus, insofern Kant nicht nur Bestehendes kritisiert, sondern Neues erschafft: nämlich erstmals wieder ein komplexes, in die Tiefe gehendes und in sich geschlossenes philosophisches System.

Allein: die menschliche Zerrissenheit, in die die Neuzeit den Menschen gestürzt hat; seine zunehmende Emanzipierung von religiösen und gesellschaftlich-ständischen Abhängigkeiten; die neue Freiheit in der Wahl seiner Handlungsziele, die zugleich eben auch ein Hineingeworfensein in eine nie dagewesene Ungewissheit und *Subjektivität* bedeutet; – diese Zerrissenheit kann auch die kantische Philosophie und die auf sie folgenden komplexen Theorien des deutschen Idealismus von Fichte bis Hegel nicht mehr überbrücken. Hegel selbst wird das sich aus der Subjektivität ergebende *Problem der Selbstvergewisserung* in der Moderne philosophisch thematisieren, wenn ihn die „Beunruhigung darüber [beschäftigt], daß sich eine vorbildlose Moderne aus den von ihr selbst hervorgebrachten Entzweiungen heraus stabilisieren muß"[75].

Welches Résumé aber können wir für die *kritische* Entwicklung in der Neuzeit bis zu ihrem Höhe- und Wendepunkt mit Kant im 18. Jh.

hinsichtlich unserer zentralen Untersuchungsgrößen – Worumwillen und Freiheit – ziehen?

Wir haben gesehen, dass sich das *eine Worumwillen* gewissermaßen in *zwei Worumwillen* aufgespalten hat. In der Antike und im Mittelalter waren das Gute und das Wahre eins. Tugendhaftes Verhalten war jenes, das vernunftmäßig die Wahrheit und damit das Gute und Richtige für den Menschen erkannte. Die Begründungen dafür, wie das Gute zu erkennen sei, waren unterschiedlich und transzendierten das Denken und Handeln etwa in einer Welt der Ideen, der philosophischen Weisheit oder einer göttlichen Ordnung. Immer aber zeichnete sich dieser Letztgrund des Handelns dadurch aus, dass er den handelnden Menschen in Beziehung setzte zu seinen Mitmenschen. Sei es im christlichen Gemeinwohlgedanken oder in der Erkenntnis, dass Gerechtigkeit das richtige Maß in Bezug auf die Mitmenschen und insofern die höchste tugendhafte Vollkommenheit überhaupt ist: immer schließt das Worumwillen das Verhältnis zu Anderen auf und trägt damit dem Umstand Rechnung, dass das höchste Glück des Menschen als Gemeinschaftswesen immer auch eine soziale Perspektive mit einschließt.

Mit der anbrechenden Neuzeit beginnen das Gute und das Wahre auseinander zu driften, indem humanistische Bildung und nutzenorientiertes Leistungsdenken nebeneinander treten. Beide resultierenden Zielperspektiven – privater Nutzen und wissenschaftliche Erkenntnis – profitieren zunächst durch die Befreiung von traditionellen religiösen und gesellschaftlichen Reglementierungen. Doch bereits von Beginn der neuzeitlichen Entwicklung an wird auch deutlich, dass *nützliche Leistung* und *wahre Erkenntnis* nicht nur nebeneinander, sondern in ein komplexes Abhängigkeitsverhältnis zueinander treten. Das oben schon angesprochene Mäzenatentum ist nur eine Ausdrucksweise für diese gegenseitigen Verschränkung beider Sphären. Als exemplarisches Sinnbild dieser Verschränkung in der frühen Neuzeit schlechthin darf das Leben des Erasmus von Rotterdam (ca.

1467-1536) gelten: Idealbild des humanistischen Gelehrten, verfügte er nicht nur über eine einmalige und unüberschaubare Bildungsfülle, sondern war gleichzeitig ungewöhnlich erfolgreich in der Gewinnung einflussreicher Freunde und Förderer, die ihn auch mit zahlreichen Ämtern und Lehrstühlen versorgten. Bildung und gesellschaftliche Leistung gingen in der Figur des Erasmus also in einer Person Hand in Hand, doch die Regel war eben eher eine nutzbringende Liaison zwischen beiden Sphären, insofern der Wissenschaftler der materiellen Förderung bedurfte, der aufstrebende Bürger aber des *Schmuckes* humanistischer Bildung. La Rochefoucauld, so hatten wir schon gesehen, kritisierte diese Scheinbildung, die als Belesenheit oder Gemeinnützigkeit sich gebende Eigennützigkeit. Für das im Entstehen begriffene Bürgertum aber bedeutete diese *Aristokratenethik* (Otto[76]), der Schmuck humanistischer Bildung, vor allem Legitimation im Emanzipationsprozess von der feudalistischen Klasse: denn während der Bürger Freiheiten in Bezug auf Lebensgestaltung und wirtschaftliche Betätigung und also Unabhängigkeit vom monarchischen Staate erlangte, so blieb doch der Adel als repräsentative Klasse unter sich, und die Kultur war die einzige Sphäre, in der die beiden gesellschaftlichen Klassen scheinbar gleichberechtigt aufeinander trafen.[77]

Wir haben schon gesehen, dass dieses Abhängigkeitsverhältnis genau wie die Scheinhumanität in der Folge selbst Gegenstand der Kritik wird, etwa in den Staatsutopien oder bei La Rochefoucauld. Die *kritische* Philosophie des 18. Jahrhunderts wird versuchen, rein vernunftbasierte Antworten auf diese Widersprüche zu finden, indem sie in der Folge eines zerbrochenen Worumwillens auch den Freiheitsbegriff neu definiert: Kant entwirft in seiner Ethik den modernen Menschenrechtsgedanken, demzufolge jeder Mensch als Zweck, nicht nur als Mittel zu sehen ist; der Mensch wird *dadurch* frei, dass er zum gleichberechtigten moralischen Gesetzgeber wird – die berechtigten Forderungen der Anderen sind die natürliche Grenze des Eigennutzens, und eine gerechte Gesellschaft ist daher jene, in der die

Bürger im demokratischen Gesetzgebungsverfahren die gesellschaftlichen Regeln selbst bestimmen.

Die Bedeutung des *Menschseins* am Ende des 18. Jahrhunderts lässt sich damit in dreierlei Hinsicht charakterisieren. *Erstens*, führt die widersprüchliche Verdopplung des Worumwillens in eine egoistische Leistungsperspektive und eine humanistische Gemeinwohlperspektive zu der vielzitierten neuzeitlichen Zerrissenheit des Menschen: der Verlust religiöser und traditioneller Vorgaben verdammt den Menschen zur aktiven Gestaltung seines Lebensweges.

Zweitens bedeutet diese Zerrissenheit aber *nicht* zugleich auch eine innere Widersprüchlichkeit: ein teleologischer, auf ein schlechthin gültiges Letztziel strebendes Worumwillen ist zwar nicht mehr gegeben, doch erfährt zugleich auch der Freiheitsbegriff eine entsprechende Anpassung. Die rationale Definition des Menschenrechts gibt dem Bürger ausdrücklich die Freiheit, sich seines Verstandes zu bedienen, um eigene Ziele und Interessen, unabhängig von einer bevormundenden Obrigkeit, zu erkennen und zu verfolgen. Grenzen ziehen nur die Interessen der Anderen, und diese wechselseitige Autonomie beruht formal auf einer Vernunftkonzeption, die jedem Bürger Partizipation an der Gesetzgebung zubilligt.

Diese Vernunftkonzeption aber, so müssen wir *drittens* feststellen, scheiterte an der gesellschaftlichen Realität. Denn solange die Besitzlosen, die auf Erwerb durch ihre Arbeitskraft angewiesenen Menschen vom Wahlrecht ausgeschlossen waren, nahmen sie auch nicht als Gesetzgeber an einem vernunftbasierten Staatssystem teil. Solange ihre Interessen in der Gesetzgebung keine Berücksichtigung fanden, war Eigentum die Voraussetzung für die Zugehörigkeit zum Bürgertum. Mehr noch: Eigentum erst realisierte *Menschsein*! - Eine Gesetzgebung, die ein so definiertes Bürgertum also unter sich verhandelte und das Resultat als Ergebnis eines rein *vernünftigen* Abwägungsprozesses anpries, entpuppte sich somit als Ergebnis bloßer Interessenvertretung.[78]

Wir können hier erstmals von einem gesellschaftlichen *Druckaufbau* auf das Individuum sprechen, dass aus der vorherrschenden Definition des Menschseins resultiert. Der Mensch war natürlich schon immer vielfältigen Anforderungen, Ungerechtigkeiten und Notlagen unterworfen, die ihn in gewisser Weise in seiner täglichen Lebensführung, zum Teil existenziell, bedrohten und ihn insofern in seinem Handeln „unter Druck setzten". Gemeint ist hier aber nicht der Druck des Notwendigen, die Not des Menschen in seiner natürlichen Lebensumwelt; gemeint ist vielmehr ein Druck, der sich aus widersprüchlichen Anforderungen an das Individuum ergibt: der Mensch des Mittelalters etwa hatte sich den religiösen und monarchischen Autoritäten zu fügen, doch forderte die mittelalterliche Vernunftkonzeption, indem sie das Gottesstreben als Worumwillen propagierte, auch kein anderes Verhalten von ihm. *Der Mensch war Gott unterworfen, und so sollte er sich auch verhalten.* - Diese Feststellung ist keine zynische, die die vorherrschende Unmündigkeit des Menschen im Mittelalter relativieren will. Wir müssen den Menschen in seinem zeitgenössischen Lebenskontext sehen, wenn wir über seine Erfahrungswelt reflektieren wollen, und dieser Lebenskontext war im Mittelalter kein im neuzeitlichen Sinne *gerechter*, insofern nicht die Vorstellung eines grundsätzlich gleichberechtigten Menschen vorherrschte. So hatten die Menschen also „nur" *gegen* lebenstypische Notlagen – und dann zunehmend *für* mehr Rechte zu kämpfen: letzteres führte dann am Ende zu der oben skizzierten Entwicklung eines vernunftbasierten, kritischen Denkens.

Eben am vorläufigen Höhepunkt dieser Entwicklung aber kommt es zu dem erwähnten Druckaufbau im systemischen Sinne. Die Forderung lautet nach wie vor: Befreiung durch vernunftbasierte Entscheidungen, doch die Menschen beginnen zu verstehen, dass diese Vernunft nur für die besitzende Klasse *vernünftig* ist. Der Mensch sieht sich also erstmals in der paradoxen Situation, *theoretisch* vernunftgemäß gleichberechtigt zu sein, *praktisch* aber weniger Rechte als die Klasse der Eigentümer, der neuen bürgerlichen Klasse, zu haben. *In diesem Sinne* spreche ich von einem *Druckaufbau*, der sich aus dem Unterschied zwischen moralischer Forderung und lebenspraktischen Möglichkeiten ergibt.

Diese Art von gesellschaftlichem Druck war es also, der letztlich hinter der gesellschaftlichen Entzweiung stand, die Hegel im oben erwähnten Sinne *beunruhigte*. Und so brachte das 19. Jahrhundert zahlreiche philosophische Ansätze zur Überwindung dieser Entzweiungen, zum *gesellschaftlichen Druckabbau*, zur Wiederherstellung einer intakten Vorstellung vom *Menschsein* hervor, sei es Hegels Idee vom *Volksgeist*, das marxistische Ideal einer *klassenlosen Gesellschaft* oder John Stuart Mills Vorstellung der *repräsentativen Regierung* einer dafür moralisch speziell geschulten Klasse.

In der Realität aber wird sich bereits zum Ende des 18. Jahrhunderts der gesellschaftlich aufgebaute Druck in einem ersten gewaltigen Ausbruch vorläufig entladen: die Französische Revolution leitet den wesentlichen gesellschaftlichen Umbruch in Frankreich ein; für Friedrich Schiller wird sie zum Anlass für die Niederschrift seiner ästhetisch-philosophischen Konzeption.

II MENSCHWERDEN

Schiller -

Der Mensch ist nur da ganz Mensch, wo er spielt

„Wäre das Faktum wahr, – wäre der ausserordentliche Fall wirklich eingetreten, daß die politische Gesetzgebung der Vernunft übertragen, der Mensch als Selbstzweck respektiert und behandelt, das Gesetzt auf den Thron erhoben und wahre Freiheit zur Grundlage des Staatsgebäudes gemacht worden, so wollte ich auf ewig von den Musen Abstand nehmen, und dem herrlichsten aller Kunstwerke, der Monarchie der Vernunft, alle meine Thätigkeit widmen. Aber dieses Faktum ist es eben, was ich zu bezweifeln wage. Ja ich bin soweit entfernt an den Anfang einer Regeneration im Politischen zu glauben, daß mir die Ereignisse der Zeit vielmehr alle Hofnungen dazu auf Jahrhunderte benehmen."[79] - So schreibt Friedrich Schiller am 13. Juli 1793 an Friedrich Christian II. von Augustenburg. Hintergrund war Schillers tiefe Enttäuschung über den Verlauf der Französischen Revolution. Als 1789 der Dritte Stand seine Vereinigung mit den ersten beiden Ständen zur Nationalversammlung erzwang, gab es ja zunächst tatsächlich die Hoffnung, dass sich eine vernunftbasierte Politik und Gesellschaftsordnung durchsetzen könnte: „Die Menschen werden frei und gleich an Rechten geboren und bleiben es." So sagt es der erste Artikel der 1789 erklärten Menschen- und Bürgerrechte. Und diese Freiheit bestehe darin, „alles tun zu dürfen, was niemand Anderem schadet". Doch bereits mit dem Sturm auf die Bastille im gleichen Jahr, in deren Folge die städtischen Aufständischen die Besiegten massakrierten und ihre aufgespießten Köpfe tagelang durch Paris trugen, zeigte sich die blutrünstig-terroristische Tendenz, die dieser Revolution innewohnte, und die bis zum Ende der diktatorischen Revolutionsregierung Robespierres 1794 stetig zunehmen sollte. Diese

Tendenz des Umschlagens demokratischer Prozesse in Verfolgung und Ermordung politischer Gegner; Ereignisse wie die Erstürmung der Tuilerien in Paris im August 1792, bei denen die Eindringlinge auch das Blut ihrer Opfer tranken und deren Herzen aßen; Ereignisse, die Robespierre von Beginn an als notwendig für den weiteren Verlauf der Revolution unterstützte; diese ganze Entwicklung war es, die Schiller zu dem Schluss kommen ließ, dass der Mensch noch nicht bereit sei für bürgerliche Freiheit, da er noch nicht imstande sei „sich der brutalen Gewalt der Thierheit zu erwehren"[80].

Die Menschen, die sich mit nicht weniger als blutrünstiger Rache und öffentlich lustvoll zur Schau gestellten Hinrichtungen zufrieden geben, nennt Schiller auch die *Wilden*, deren Handeln bloß von rohen Trieben und Rachegelüsten gesteuert ist. Doch auf der anderen Seite stellt Schiller den Wilden die *Barbaren* gegenüber: während jene rein gefühlsgesteuert handelten, kämen bei letzteren – vor allem die ausschließlich auf die Rettung ihrer Privilegien und Besitztümer fixierten Adeligen – die egoistischen Grundsätze dem Gefühl und der Emotion zuvor.[81]

Das zentrale Ungleichgewicht im Menschsein, das Schiller hier diagnostiziert, ist also ein Ungleichgewicht zwischen Vernunft und Gefühl. Je nachdem, zu welcher Seite die Disbalance ausschlägt, resultiert diese in einem wilden oder barbarischen Verhalten, in jedem Falle in Empathielosigkeit.

Wir können Schillers Ansatz insofern als direkte Konsequenz aus der neuzeitlichen menschlichen Zerrissenheit lesen, die oben beschrieben wurde. Auf der einen Seite kennt eine Ethik, für die jedes Handeln legitim ist, solange es nur vernünftig und nützlich ist, keine übergeordneten Zusammenhänge mehr: was sich vernunftmäßig begründen lässt, lässt sich ergo auch politisch durchsetzen, auch wenn als Resultat die gesetzgebenden Kräfte vor allem ihre eigenen Interessen durchsetzen, ohne Mit*gefühl* für die unterprivilegierten Klassen.

Auf der anderen Seite wird dem Machtlosen, der seine eigenen Interessen eben nicht durchsetzen kann, seiner Wut und seinem Ressentiment, kurzum: seinem Gefühl, freien Lauf lassen. Aus dieser Tatsache heraus erklärte sich Schiller den gewalttätigen Charakter der französischen Revolution.

Dieser Aspekt sollte uns aufhorchen lassen: leben wir nicht auch gegenwärtig in einer Welt, die Gerechtigkeit und Erfolg bei *vernünftigem*, im Sinne von zielgerichtetem, marktgerechtem, effizientem Handeln verspricht, - dieses Versprechen aber in einem System der knappen Güter niemals für *alle* Bürgerinnen und Bürger einlösen kann?

Die Vernunftprinzipien, so stellt Schiller fest, haben also nicht zu einer humanen Gesellschaft und zur Wiederherstellung eines ganzheitlichen *Menschseins* geführt, und folgerichtig liegt für Schiller der Schlüssel zur Realisierung des Menschseins im ethischen Sinne, zur Überwindung von Barbarei und Wildheit, in einer neuen Balance von Vernunft und Gefühl. Diese sei aber nur durch die Beschäftigung mit dem (Kunst-) Schönen möglich, „weil es die Schönheit ist, durch welche man zu der Freyheit wandert"[82].

Den Weg, den der Mensch durch die Schönheit zu seiner Menschheit nimmt, leitet Schiller in seinen *Briefen über die ästhetische Erziehung des Menschen* synthetisch her. Ohne die philosophische Argumentation hier im Detail vorstellen zu können[83], sind doch die maßgeblichen Argumentationsschritte zu skizzieren. Sie werden uns zu zwei wesentlichen Einflussgrößen der Kunst (und der Natur) auf die menschliche Freiheit führen: zu der Schönheit, und zu dem Erhabenen.

Schönheit

90

Wir hatten oben einen gesellschaftlichen *Druckaufbau* als Folge des Selbstwiderspruchs diagnostiziert, der aus der allgemeinen Durchsetzung von Vernunftprinzipien für die breite Masse der Bevölkerung resultierte: *theoretisch* frei und gleichberechtigt, war der Mensch *praktisch* weiterhin oftmals Knecht und spezifischen Mangelsituationen unterworfen. Hinter dieser Situationsbeschreibung scheint die schon von Descartes und Kant her bekannte Weltverdopplung auf: der Mensch ist offenbar einerseits Herr seiner selbst und *frei* in einer theoretischen, *gedanklichen Welt*; andererseits aber den physischen (und realgesellschaftlich bedingten) Beschränkungen unterworfen in der realen, *materiellen Welt*.

Diesen Gegensatz kann (nur) das (Kunst-) Schöne auflösen. Entscheidend für diese These wird bei Schiller eine spezifische Zeitlichkeit des moralischen Zustands des Menschen. Was bedeutet das? - Wir erinnern uns, dass seit Platon und Sokrates die Vernunftbegabung der zentrale Schlüssel zur Realisierung des Menschseins war. Schiller lässt nun neuzeitlich empiristisches Denken insofern einfließen, als dass er feststellt: ja, der Mensch ist vernunftbegabt. Aber der Vernunft, die eine Denkleistung ist, ist das rein sinnliche Empfinden im Kinde und heranwachsenden Menschen zeitlich vorgelagert: das Kind kann noch keine übergeordneten moralischen Prinzipien vernunftmäßig erkennen. Das macht den Übergang in die Realisierung des ethischen Menschseins, das *Menschwerden*, so schwierig. Denn der Mensch wird in seinen frühen Lebensjahren bereits durch die reale Umwelt bestimmt, noch bevor er in der gedanklichen Welt seine moralische Persönlichkeit formen kann. - Die lebenspraktische Angemessenheit dieser Feststellung lässt sich sehr praktisch an den Werbestrategien der Konsumindustrie nachvollziehen: Jugendliche und junge Erwachsene – und in zunehmendem Maße sogar Kinder – rücken genau deshalb in den Fokus der Werbestrategen, weil die Vernunftorientierung in den frühen Lebensjahren noch wenig ausgeprägt, und die unreflektierte Empfänglichkeit für emotionale Werbebotschaften entsprechend hoch ist. - Wir werden später noch sehen, dass die vorherrschende An-Ästhetisierung genau darauf abzielt, eben diese Phase der Vernunftlosigkeit, der Manipulierbarkeit also, auf eine möglichst lange Lebensspanne auszudehnen.

Doch zurück zu Schiller: Der Mensch ist also, als Resultat der zeitlichen Dominanz der sinnlichen Triebe, durch seine reale Lebensumwelt *passiv bestimmt*, wie Schiller es ausdrückt. Konkret stellen wir uns einen jungen Menschen vor, der durch Elternhaus, Freunde und Schule einen typischen, gesellschaftlich angepassten Weg durchläuft: bestens ausgestattet mit den typischen Insignien unserer Moderne von Markenbekleidung bis Smartphone, weit gereist in entfernte Ziele auf Privat- und Klassenreisen, durch Projektarbeiten möglicherweise bereits mit Berufs- und Karriereplanung in Berührung gekommen, steht die Prägung des jungen Menschen unter der Maßgabe der effizienten Selbstoptimierung; unter dem Blickwinkel der bestmöglichen Anpassung an die gesellschaftlichen Verhältnisse. - Die Gedanken mögen an dieser Stelle auf Darwin und seine Evolutionstheorie kommen: ist nicht *Anpassung* genau das, was das Überleben sichert? Doch dieser Gedanke übersähe genau das, worum es Schiller ging, worum es dem Menschsein im moralischen Sinne gehen muss: der Mensch als Tier, in einer gleichsam wilden Gesellschaft, in der das Recht des Stärkeren zählt, mag durch bloße Anpassung an die Umstände sich durchsetzen und überleben, doch geht es bei der Realisierung des ethischen Menschseins ja gerade um die Bewahrung und den Ausbau bereits errungener ethisch-menschlicher Prinzipien, die gefährdet sind durch Populismus und Radikalismus.

Entscheidend für das Menschwerden ist also die Überwindung der rein materiellen Lebensorientierung, der *passiven Bestimmung*. Doch Schiller betont, dass für deren Überwindung die Vernunft nicht einfach neben die Sinnlichkeit treten darf, denn das Resultat eben *daraus* habe die französische Revolution vorgeführt: die den Menschen bestimmenden Triebe und Gefühle würden letztlich die Oberhand behalten, nur *ergänzt* durch Vernunft – und das Resultat wären dann bloß vernunftgesteuerter Egoismus oder Barbarei in Form ideologisch verbrämter Wildheit. Von elementarer Bedeutung ist es daher, dass die passive Bestimmung zuvor wieder *aufgehoben*[84] wird, abgelöst durch einen Zustand der *bloßen Bestimmbarkeit*. Mit anderen Worten: *der Mensch muss sich von den Zwängen der materiellen Beschränkungen zuerst vollkommen lösen, bevor er sich über eben diese Zwänge erheben und zum autonomen, ethischen Gesetzgeber werden kann.* Ein Zustand, in dem man sich frei macht von seiner Umwelt wird also zur Voraussetzung des Erkennens übergeordneter ethischer Zusammenhänge. Denn nur wer selbst keine Abhängigkeit von den Umständen spürt, macht sich frei für das Erkennen der Bedürfnisse Anderer in der Gesellschaft.

Dieser Zustand ist gerade in der (Kunst-) Schönheit gegeben, *weil* hier zwei Aspekte zusammentreffen. *Erstens*, sind mit der Betrachtung eines Kunstwerkes - oder auch einer *schönen* Naturerscheinung - keine Zwecke verbunden, oder in der Sprache der antiken Ethik: die Betrachtung des Schönen ist reines Worumwillen, d.h. sie geschieht aus reinem Selbstzweck. Schon Kant hatte diese Art der Betrachtung als *interesseloses Wohlgefallen* beschrieben: indem der Mensch eine Sache um ihrer selbst willen und frei von Nutzenaspekten betrachtet, ist er frei von sinnlichen Hindernissen und kann den sittlichen Gesetzen der gedanklichen Welt gemäß handeln, und das heißt eben gerade: autonom und frei. Indem das eigene Denken also nicht mehr durch materielle Nöte bedrängt wird, gewinnt es, *zweitens*, Freiheit zum Erkennen moralischer Prinzipien. Und diese moralischen Prinzipien können in der Kunst oder in gewissen Naturerscheinungen erkannt werden, weil das Ideelle, weil übergeordnete Sinnzusammenhänge in diesen Artefakten und Naturerscheinungen zum Ausdruck kommen.

Es bedarf also einer bestimmten Art von Kunst, einer bestimmen Art von Natur, einer bestimmten Art von Schönheit, um das ethische Empfinden im Menschen zu erwecken, oder, um es genauer zu sagen: es bedarf einer bestimmten Art von *Wahrnehmung* der Kunst, der Natur und der Schönheit. Letztlich geht es um eine Art Wechselwirkung zwischen der Beschaffenheit des betrachteten Gegenstandes und der Wahrnehmungsart des Rezipienten: der Betrachter muss interesselos sein, darf das betrachtete Objekt nicht mit einer Zwecksetzung verbinden: „Es giebt Leute, die, wenn sie am Meer stehen, nur die Schiffe sehen, die darauf segeln, und auf den Schiffen nur die Waaren, die sie geladen haben."[85]. - Auf der anderen Seite muss das Objekt diese Art der Betrachtung durch seine Beschaffenheit auch fördern. Dazu wiederum sind zwei Aspekte förderlich: die *Schönheit* in einer neuzeitlichen Begriffsbestimmung, derzufolge die Idee, die grundlegende Form eines Gegenstandes stets auch im konkret Einzelnen realisiert ist, sowie das Erhabene.

Während das Erhabene weiter unten nähere Erläuterung finden soll, scheinen hier noch nähere Erklärungen zum soeben definierten Schönheitsbegriff angebracht. In der platonischen Ideenlehre waren die konkreten Einzelgegenstände stets nur Abbilder, ja beinahe: Trugbilder der bloß in der Gedankenwelt real existierenden Ideen. In der Neuzeit wird, entgegen der platonischen Tradition, das Singuläre das Reale und trägt zugleich das Gesetz, die Form des Ganzen in sich: das Reale wird zum Träger der Form, und dementsprechend werden auch die sinnlichen Erkenntniskräfte wissenschaftlich legitim, wie wir im Zusammenhang mit dem Empirismus bereits gesehen haben. Konkret ausgedrückt: wenn für Platon ein konkretes Kaninchen nur das Abbild der „Idee Kaninchen" war, so manifestiert in der Neuzeit ein konkretes Kaninchen tatsächlich die Definition von der „Daseinsart Kaninchen".

Insofern bleibt auch die Eigenschaft „schön" einer Erscheinung nicht mehr bloß abstrakte Idee, sondern wird zur sinnlich realisierten Form selbst. Deshalb kann Schiller davon sprechen, dass das Schöne (an einem Kunstwerk) das Wirken, das „alles thun"[86], der Form ist. Schönheit ist bei Schiller also mehr als eine bloße Wechselwirkung aus Objektqualität und Betrachtungsweise: sie steht vielmehr für eine

Objektqualität, die in ihrer Beschaffenheit das dahinter stehende Ideal versinnbildlicht: die sinnlich realisierte Form, die zum Leben erweckte Gestalt, ergo: die Vereinigung von Form und Sinnlichkeit, mit anderen Worten: von Vernunft und Sinnlichkeit: das ist Schönheit![87]

In der Schönheit ist der Mensch also frei, denn er ist weder von Denken und Zwecksetzung, noch von ungezügelter Leidenschschaft allein abhängig. Es ist somit eine Freiheit von Zwecksetzungen bei gleichzeitiger Abwesenheit von Zufall und Regellosigkeit. Dies, so Schiller, sei aber ein Kennzeichen jeder auch spielerischer Betätigung, weshalb Schiller auch das Spielerische als Synonym für das Schöne einührt, ja zum Zentrum seiner ganzen philosophischen Ästhetik macht:

> *Denn, um es endlich auf einmal herauszusagen,*
> *der Mensch spielt nur, wo er in voller Bedeutung*
> *des Worts Mensch ist, und e r   i s t   n u r   d a*
> *ganz Mensch, wo er spielt.*[88]

Wir mögen uns exemplarisch den Musiktitel *Homeless* von Paul Simon vergegenwärtigen, 1986 auf dem Album *Graceland* veröffentlicht, in dem es u.a. hießt:

> *Homeless, Homeless*
> *Moonlight sleeping on a midnight lake*
> *[...]*
> *Zio yami, zio yami, nhliziyo yami*
> *Nhliziyo yami amakhaza asengi bulele*
> *Nhliziyo yami, nhliziyo yami*
> *Nhliziyo yami, angibulele amakhaza*
> *[...]*
> *Strong wind destroy our home*
> *Many dead, tonight it could be you*
> *Strong wind, strong wind*

Many dead, tonight it could be you
And we are homeless, homeless
Moonlight sleeping on a midnight lake
[...]
Yitho omanqoba (ih hih ih hih ih) yitho
omanqoba
Esanqoba lonke ilizwe
[...]
Kulumani, Kulumani sizwe
Singenze njani
Baya jabula abasi thanda[89]

Die in Zulu verfassten Textzeilen lassen sich nach Marco Principia etwa übersetzen mit:

My heart, My heart // My heart, the cold has
already killed me.
We are the victors (ih hih ih hih ih) // We have
conquered England!
We hereby proclaim // that we are the best //
singing in this style[90]

Aus diesen Zeilen spricht zunächst einmal die Sicht auf eine materielle Lebenswelt, in die der Mensch als physisches Wesen geworfen ist: sein Ausgeliefertsein gegenüber den Naturgewalten, die einen Jeden treffen können und insofern den Menschen auch in eine (Schicksals-)Gemeinschaft stellen; eine Gemeinschaft, durch der der Einzelne in dieser physischen Welt letztlich bestehen kann, ja, mehr noch: die sich sogar gegen Gewalt und Unterdrückung auflehnen kann - insofern die besungene Obdach- und Heimatlosigkeit auch als Folge des Apartheid-Regimes interpretierbar ist.[91] – Diese besungene Auflehnung freilich ist keine physische, kein gewaltsamer Kampf, sondern ein moralisch-politischer Sieg über die Apartheid und deren Wurzeln in englischer Besatzung; ein Sieg durch eine „singende" („we are the best / singing in this style"), mithin: auf kulturellem Austausch beruhende Gemeinschaft; dies alles ausgeführt in einem zweisprachigen Text in Englisch und Zulu und an traditionelle afrikanische Gesänge angelehnten Musikpassagen, was wiederum die Auseinandersetzung mit anderer Sprache und Kultur anregt. – Dieses Beispiel illustriert die ethische Aktivierung, die für Schiller in der ganzheitlichen Schönheit von (hier: musikalischer) Kunst lag: das ideelle Obsiegen über reale Widrigkeiten, sowie die *Idee* der friedlichen Koexistenz, realisiert in einem zu Reflexion und kulturellem Austausch anregenden Musikstück.

Das Erhabene

Doch zur ethisierenden Wirkung der Schönheit gehört für Schiller auch zwingend ein weiterer Aspekt, denn „so muß das Erhabene zu dem Schönen hinzukommen, um die *ästhetische Erziehung* zu einem vollständigen Ganzen zu machen"[92]. Und das Erhabene, das sind zum Beispiel Naturgewalten wie Sturm und Unwetter, die den Menschen in Paul Simons Musikstück in seiner physischen Existenz bedrohten. Doch was macht das Erhabene ganz allgemein gesprochen aus?

Schiller unterscheidet zwischen dem Theoretisch- und dem Praktisch-Erhabenen: ersteres widerstrebt durch seine unendliche Größe dem menschlichen Erkenntnistrieb, während letzteres das Furchtbare ist, das durch seine drohende Macht unseren physischen Selbsterhaltungstrieb bedroht. Schiller verdeutlicht diese Unterscheidung anhand des Beispiels des ruhigen Ozeans, von dem wir uns angesichts seiner Größe nur schwer eine Vorstellung machen können, der also mithin etwas Theoretisch-Erhabenes ist; im Zustand des Sturmes hingegen stellt er eine reale Gefahr für die physische Existenz dar und ist mithin etwas Praktisch-Erhabenes.[93]

Wir können diese Wirkung des Erhabenen aus unserer täglichen Anschauung bestätigen: sind wir nicht fasziniert und überwältigt von einer grandiosen Bergkulisse? Zieht uns nicht ein aufziehender Sturm mit einem Himmel voll düsterer Wolkengebilde auch in seinen Bann, lässt uns die Kraft der Naturgewalten, und mithin auch unsere eigene Natürlichkeit spüren?

Die Bedeutung des Erhabenen für die ethisierende Funktion der Schönheit begründet sich aus der schon angesprochenen doppelten Weltzugehörigkeit des Menschen: während der Mensch als Sinneswesen den Naturkräften unterworfen ist, ist es ihm als Vernunftwesen möglich, sich moralisch in der gedanklichen Welt über diese physischen Beschränkungen hinwegzusetzen. Daher ist vor allem die ästhetische Erfahrung des Praktisch-Erhabenen relevant, weil zur Bezwingung des Furchtbaren größere moralische Kraft nötig ist als bloß zur Erfassung des Unendlichen.

Was also letztlich hinter der Rolle des Erhabenen steckt, ist die moralische Kraft, die der Mensch aus der Widerständigkeit des Erhabenen heraus empfindet. Schiller empfiehlt freilich nicht, der Mensch solle im morschen Kahn aufs stürmische Meer fahren, um, endlich in Seenot geraten, Erhabenheit zu spüren. Es geht ihm um die ästhetische, also: sinnliche *und* gedankliche Konfrontation mit (zum Beispiel) Naturgewalten. Ganz so wie im Song Simons: die Bewusstmachung der menschlichen Verletzbarkeit im Angesicht ungleich stärkerer Naturkräfte; die Reflexion über die Erkenntnis, dass die Grenze zur möglichen Heimatlosigkeit nur einen Sturm weit entfernt liegen könnte, lässt den Menschen übergeordnete Zusammenhänge und seinen Zusammenhalt mit der Gesellschaft, kurz: sein *Menschsein* spüren.

Dass genau diese Offenheit für die ethische Perspektive, die Verbindung von physischem Sein und ideeller Freiheit, genau den Zustand der Schönheit ausmacht, haben wir oben schon definiert. Der Aspekt des Erhabenen weist uns nun auf eine ganz wesentliche

Eigenschaft der Schönheit in der ästhetischen Erfahrung hin: sie ist nicht zweckmäßig, nicht nützlich oder effizient. Sie ist *das Gegenteil* davon, was wir im landläufigen Sinne als bequem oder vordergründig hilfreich bezeichnen würden, und sie ist damit das Gegenteil von dem, womit uns die moderne Lebensweltästhetisierung in Form von Werbung und Selbstoptimierung täglich umfängt. Wir werden später auf diesen wesentlichen Aspekt zurückkommen.

Zusammenfassend können wir also feststellen, dass das Erhabene *deshalb* eine fundamental wichtige Rolle für die ethisierende Funktion der Schönheit spielt, weil es für die *idealistische* Durchsetzung des Willens steht. Schiller unterschied diese Reaktionsweise ausdrücklich von der *realistischen* Durchsetzung des Willens: während letztere menschliche Gewalt gegen die Naturgewalt setzt mit dem Ziel der Naturbeherrschung, ist erstere moralisch, insofern der Mensch sich hier idealistisch über Naturgewalten erhebt und dadurch in der Lage ist, „eine Gewalt, die er der Tat nach erleiden muß, *dem Begriff nach zu vernichten.*"[94] - Das ist nicht zynisch. Es ist Ausdruck einer Lebenseinstellung, die auch im Kampf zum Beispiel gegen Naturkatastrophen oder eine schwere Krankheit den Lebensmut nicht verliert – und nicht die Menschlichkeit.

Für den Verlauf der französischen Revolution hätte eine ethisch-ästhetische Perspektive die vernunftbasierten Menschenrechte und Emotionen wie Wut und Angst in Ausgleich bringen können: die neue Verantwortung des Bürgertums wäre nicht nur *verstanden*, sondern auch *empfunden* worden. Das Erhabene des historischen Augenblicks hätte dem Menschen seine Verantwortung für die Menschlichkeit, für das Menschsein, vor Augen führen können, anstatt in eine Entladung von Rachegelüsten zu führen. Freilich wurde der Hass im Sinne eigener politischer Ziele von Akteuren wie Robbespierre angestachelt. Doch gerade mit Manipulationen durch Populisten und radikale Parteien sieht sich die Gesellschaft auch heute konfrontiert, ein ästhetischer Blick in Zeiten gesellschaftlicher Herausforderungen wie Klimawandel, weltweiten Flüchtlingsbewegungen oder Pandemien wäre darum essenziell.

Das Gefühl des Erhabenen wird also genau dann relevant, wenn der Mensch in Ausnahmesituationen gerät: Situationen, die er nicht beherrschen kann oder die er als bedrohend empfindet. - Schiller sah solche Situationen als Prüfung, ob ein schöner Charakter auch ein tugendhafter sei, ob also Jemand nicht nur dann tugendhaft handelt, wenn es ihm umständehalber bequem ist, denn dann würde die Handlung nicht wirklich aufgrund von Tugendhaftigkeit erfolgen.[95]

Tugendhafte, ethische Handlungsorientierung als Ausdruck des Menschseins: in Schillers Konzeption wird schon durch den Anlass der Revolutionserfahrungen die auch gesellschaftliche Perspektive deutlich. Das Handeln des Einzelnen bestimmt das gesellschaftliche Klima, und so kommt die ästhetisierende Aufgabe von Kunst und Kultur bei Schiller explizit nicht nur in Bezug auf die Bildung des Menschen, sondern auch in Bezug auf die ganze Gesellschaft zu.

Menschsein und Gesellschaft

Zusammengefasst: der Mensch erlangt im Zustande der Zerrissenheit zwischen materieller Welt, deren Naturgesetzen er als physischer Mensch unterworfen ist, und intelligibler Welt, in der er als Vernunftwesen Herrscher und Gesetzgeber ist, – er erlangt in dieser Zerrissenheit seine Freiheit, indem er Sinnlichkeit und Vernunft in Balance bringt. Der Weg durch den ästhetischen Zustand, durch die ganzheitliche Wahrnehmung der Schönheit also, ist notwendig, weil das Sinnliche im Menschen zeitlich vorgelagert ist und die Schönheit erst die Balance herstellt, von der aus der Mensch sein Menschsein als moralischer Gesetzgeber realisieren kann. Als Charakteristik dieses ästhetischen Zustandes hatte sich eine eigentümliche Wechselwirkung zwischen erfahrendem Subjekt und (Kunst-) Objekt herausgestellt: die

Beschaffenheit der Objekts muss die ästhetische Wahrnehmung fördern, darf also weder bloß praktisch noch einfach gefällig sein, der Mensch aber muss das Objekt auch frei von Erwartungen und Verwertungsgedanken betrachten. Deshalb kann zum Beispiel ein *deutscher Schlager* nicht ästhetisch sein, weil er bloß gefällig und das Gegenteil von widerständig ist. - Die Dinge müssen losgelöst von ihrem realen und gesellschaftlichen Kontext wahrgenommen und rezipiert werden, nur dann gewinnt der Rezipient seine Freiheit durch die Distanz zur Realität.

Sagen wir so: der ästhetische Zustand eröffnet letztlich die Freiheit zur *Utopie*. Wer sich als vermeintlich gleichberechtigtes Mitglied einer freien Gesellschaft um Chancengleichheit betrogen sieht, könnte zum Beispiel durch ein progressives Theaterstück, welches gesellschaftliche Ungerechtigkeiten thematisiert, ganz neue Gedanken hinsichtlich gesellschaftlichem Veränderungspotenzial entwickeln. Das gleiche gilt aber auch für die persönliche Dimension: kreativer Ausdruck im Schauspiel kann erhebliches Entwicklungspotenzial für die eigene Persönlichkeit freisetzen. Da das Theater, wie die Kunst überhaupt, aber keine unmittelbare Wirkung auf die realen Lebensverhältnisse hat, spricht Schiller in Bezug auf die ästhetische Wahrnehmung der Schönheit auch von einer Welt des *schönen Scheins*. Dieser dürfe nicht den Anspruch erheben, die Realität darzustellen, denn er kann ja zunächst nur auf die gedankliche Welt des Menschen wirken. Der Schein darf also nicht in Selbstbetrug enden, der eine falsche Realität vorspiegelt, denn gerade die Unabhängigkeit von der realen Welt eröffnet dem schönen Schein erst die Möglichkeit, die Kraft zu deren Veränderung zu entwickeln. Es ist also gerade die Unabhängigkeit der ästhetischen Wahrnehmung und der Kunst von den gesellschaftlichen Verhältnissen, die diese Kraft zur Veränderung und die Herausbildung eines freien Charakters ermöglicht.

Doch wie wirkt dieser Schein letztlich *praktisch* auf die Realität? - Dass ästhetische Wahrnehmung *grundsätzlich* praktische Wirkung auf das Menschsein haben kann, lässt sich mit der spezifisch ästhetischen Wahrnehmungsweise erklären: der Schein ist eben kein unwirksames Trugbild, sondern er eröffnet dem Menschen eine eigene, phänomenale Realität, die gegenüber der gesellschaftlichen Realität eine widerständige Kraft hat[96]: widerständiges Theater kann *wirken*, weil es im Rezipienten wie im Spielenden einen Reflexionsprozess in Gang setzen kann, der auf Eindrücken, Gefühlen und Vernunftüberlegungen basiert.

Ästhetische Wahrnehmung kann also nicht nur Sinnlichkeit und Vernunft miteinander vereinen, sondern auch den Austausch der Menschen untereinander stärken. Ganz praktisch gesehen, lässt sich dies wiederum aus ihrer *Zweckfreiheit* begründen: indem ästhetische Wahrnehmung die sinnliche Perspektive, die nur triebhafte Emotion kennt, und die ideelle Perspektive, die nur Vernunftprinzipien kennt, miteinander vereint, ist sie auch imstande, übergeordnete Zusammenhänge und die Interessen Anderer in die eigene Interessenabwägung und Handlungsmotivation zu integrieren. Der zentrale Mechanismus, über den das Schöne seine nicht nur das Individuum, sondern auch die Gesellschaft ethisierende Wirkung entfaltet, ist demzufolge bei Schiller eine „schöne" - im Sinne von die Perspektiven Anderer einschließenden – *Kommunikation*: „Alle anderen Formen der Mittheilung trennen die Gesellschaft, weil sie sich ausschließend entweder auf die Privatempfänglichkeit, oder auf die Privatfertigkeit der einzelnen Glieder, also auf das Unterscheidende zwischen Menschen und Menschen beziehen; nur die schöne Mittheilung vereinigt die Gesellschaft, weil sie sich auf das Gemeinsame aller bezieht."[97] Jürgen Habermas hat deshalb ganz richtig festgestellt, dass Schillers ästhetischer Ansatz letztlich „nicht auf eine Ästhetisierung der Lebensverhältnisse, sondern auf eine Revolutionierung der Verständigungsverhältnisse"[98] zielt.

Nietzsche -
Das Leben als ästhetisches Phänomen

Seit den hellenistischen Griechen war das Menschsein auf den vernünftigen, rational denkenden Menschen hin konzipiert: die Vernunft, so haben wir gesehen, ermöglicht uns das Erkennen eines übergeordneten Sinnzusammenhangs. Dieser war in der Neuzeit schließlich verloren gegangen: die Vernunft blieb das Werkzeug des Menschseins, allerdings nur noch insofern, als sie die rationale Abwägung von Handlungen zur Realisierung einer persönlichen Nutzenmaximierung ermöglichte. Doch die Entkernung der antiken Vernunftkonzeption sowie der zunächst als Befreiung empfundene Wegfall ideeller Sinnzusammenhänge führten nicht zu einer wirklichen Befreiung des Menschen aus gesellschaftlichen Abhängigkeits-verhältnissen: als Besitzloser blieb er untergeordnet und abhängig von den Besitzenden, nun aber auch noch der gesellschaftlichen und religiösen Traditionen beraubt, die einstmals seinem Leben zwar Abhängigkeit, aber eben doch auch einen gewissen Rahmen und Stabilität verliehen hatten. Auf diese Weise in ein Leben voller Unsicherheit und extremer Lebensbedingungen geworfen, führte sein Aufbegehren zunächst keineswegs in freie Lebensverhältnisse, sondern in die von Wildheit und Barbarei geprägte französische Revolutionsrealität.

Schiller hatte darauf hingewiesen, dass die Entwicklung hin zu Ungerechtigkeit und Unfreiheit unmittelbare Folge des sinnentleerten Rationalismus war. Doch genauso wusste er, dass die Überwindung der menschlichen Zerrissenheit in keinem bloßen Zurück liegen konnte: die Lösung konnte nicht lauten, die verlorenen gegangenen metaphysischen und religiösen Zusammenhänge wieder herzustellen und dann auf eine neue Balance von Vernunft und Gefühl zu hoffen. Hinter die einmal erkannte prinzipielle, auf reinen Vernunftprinzipien fußende menschliche Freiheit, konnte und durfte es kein Zurück mehr geben.

Freilich gab es im 19. Jahrhundert Versuche, die verlorenen Sinnzusammenhänge zwar nicht wiederherzustellen, aber doch zu erneuern: der deutsche Idealismus wird mit Hegel seinen Höhepunkt finden, dessen Programm der *absolute Weltgeist* ist: antike Metaphysik, christliche Gotteslehre, neuzeitlicher Kritizismus – all das wird Hegel in einer alles umfassenden, alles vereinnahmenden Metaphysik miteinander verbinden; akademisch durchaus erfolgreich, bis der Idealismus als Strömung in der Mitte des 19. Jahrhunderts, praktisch über Nacht, vom aufkommenden Materialismus verdrängt werden wird.

Schillers Ansatz um die Jahrhundertwende war, wie wir gesehen haben, ein anderer: für ihn lag die Erlösung des entwurzelten, zerrissenen Menschen in der ästhetischen Wahrnehmung, in der Schönheit, die ihn die Sinnzusammenhänge, ja: die Schicksalsgemeinschaft der Menschen erkennen lässt. Dabei war seine Argumentation eng an die Philosophie Kants angelegt, und insofern war seine Ethik zwar eine ästhetische, aber: eine auf dem kritisch-rationalistischen Ansatz der Philosophie der Neuzeit fußende. Rationalität fand Ausgleich und Balance im Gefühl, und die Betonung lag auf einer bestimmten Wahrnehmungsart, die diese Balance ermöglichte und insofern Rationalität um das Gefühl *erweiterte*: die philosophische Ästhetik war geboren. Was Schiller dabei nicht antastete, ja: was Basis seiner Ästhetik blieb, waren die methaphysischen Zusammenhänge, also die Annahme des Eingebettetseins des Menschen in ideelle Sinnzusammenhänge, sowie eine darauf aufbauende Moral. Bloß das Erkennen dieser ethischen Prinzipien wird auf eine ganz neue, Vernunft *und* Gefühl umfassende Weise erlebt: in Form der ästhetischen Wahrnehmung, im schönen Schein.

Erst Arthur Schopenhauer (1788-1860) und schließlich Friedrich Nietzsche (1844-1900) werden das metaphysische Denken gänzlich überwinden – zugunsten eines konsequent ästhetischen Ansatzes.

Was verbindet Nietzsche mit der ästhetischen Tradition Schillers? Was unterscheidet ihn von dieser? Und weshalb ist sein Ansatz für unsere Gegenwarts-Reflexion so bedeutend?

Vergegenwärtigen wir uns noch einmal die zentralen Größen unseres Menschseins: das Worumwillen und die Freiheit. Unter dem Worumwillen verstanden wir unser Lebensglück, das im Erkennen der Wahrheit, des richtigen Maßes oder des einen Gottes lag, und unsere Freiheit lag darin begründet, von unserer Vernunft Gebrauch zu machen und für eben dieses Erkennen und für das *richtige*, glückbringende Handeln, frei zu sein. - In der Neuzeit ging der übergeordnete Sinnzusammenhang verloren: das Worumwillen blieb ein rein egoistisches, und dementsprechend wurde die Freiheit zu einer höchst subjektiven Eigenleistung: die freie Wahl des eigenen Lebensentwurfs wurde Freiheit und Verpflichtung zugleich, das Menschsein konnte kaum mehr verfehlt werden, doch eben dadurch: auch kaum erreicht! Denn de facto blieb bloß das credo erhalten, der *Mensch könne machen, was immer er wolle*. Was blieb, war also ein hilfloser Zirkelschluss ohne höheres Ziel: jedes Handeln konnte zwar noch seinem mittelbaren oder unmittelbaren Zweck dienen, aber es ging jede Orientierung verloren, in welche Richtung sich all das Handeln entwickeln sollte. Und so war es erklärtes Ziel der Schiller'schen Ästhetik, durch interesseloses (Kunst-) Erleben, durch Befreiung von Zwecksetzungen, sich die Freiheit zum Menschwerden wieder neu zu eröffnen: die Befreiung von Zwecken, diese *Zwecklosigkeit*, sollte das Erkennen eines übergeordneten Worumwillens wieder ermöglichen.

Auch für Nietzsche eröffnet die ästhetische Wahrnehmung zunächst die Freiheit eines neuen Zugangs zur Welt, wenn man so will: eines neuen Zugangs zum menschlichen Worumwillen. Doch wie anders geartet ist bei Nietzsche dieses Worumwillen! Denn er versucht nicht, einen Ersatz etwa für Gott zu finden, sondern er thematisiert das Worumwillen, indem er es *negiert*. - In Nietzsches Ästhetik sehen wir die Leistung, dass Wegbrechen jeden metaphysischen Sinns mit der ästhetischen Sinnfindung in Schiller'scher Tradition zu vereinen.

Wie geht das vor sich? - Noch einmal betonen wir: der neuzeitliche Kritizismus hatte übergeordnete Sinnzusammenhänge zerstört und an ihrer Stelle reine Zweckrationalität zurückgelassen. Schiller versuchte daraufhin ein Erkennen neuer Sinnzusammenhänge durch interesselose Wahrnehmung. Auch Nietzsche betont nun die Notwendigkeit der ästhetischen Wahrnehmung, aber nicht, um metaphysische Zusammenhänge (wieder) zu erkennen, sondern: um gerade die Erkenntnis, dass es solche Sinnzusammenhänge nicht geben kann, sich zu vergegenwärtigen und in dieser sinnentleerten, nihilistischen Welt dennoch zu bestehen: „nur als a e s t h e t i s c h e s P h ä n o m e n ist das Dasein und die Welt ewig g e r e c h t f e r t i g t "[99], wie Nietzsche nicht müde wird zu betonen.

Während die neuzeitlichen Philosophen bis dato das Worumwillen also quasi unter den Tisch fallen ließen, negiert Nietzsche es ausdrücklich – und macht es gerade dadurch zum zentralen Thema. Denn die zentrale Frage in Nietzsches Ästhetik lautet: wie kann der Mensch in einer Welt ohne höheres Ziel, unter den nackten Bedingungen einer moralischen Ordnungslosigkeit, eines konsequenten Nihilismus, ein glückliches Leben führen?

Nur in der ästhetischen Wahrnehmung ist dies möglich, antwortet Nietzsche, und begründet dies anhand der antiken griechischen Tragödie, in der er das apollinische und das dionysische Prinzip vereinigt sieht. Das Apollinische hat seinen Namenspatron im Gott Apollo, der in der griechischen Mythologie für die bildnerischen Kräfte steht, für die Künste. Und so steht das Apollinische zugleich mit der schönen Darstellung auch für die Individuation, insofern die *Darstellung* nur in Einzeldingen, nur exemplarisch möglich ist. Aber diese Individuation hat noch weitreichendere Implikationen: Nietzsche erkennt im Apollinischen auch die Wurzel der antiken Vernunftkonzeption seit Sokrates, denn „Apollo will die Einzelwesen gerade dadurch zur Ruhe bringen, dass er Grenzlinien zwischen ihnen zieht und dass er immer wieder an diese als an die heiligsten Weltgesetze mit seinen Forderungen der Selbsterkenntnis und des Maasses erinnert"[100].

Die antiken Griechen der vorsokratischen Zeit hätten aber erkannt, dass sich das Leben nicht in apollinischer Schönheit und Vernunft erschöpft, sondern dass vielmehr jede Vernunft einen hohen Preis hat. Nietzsche illustriert dies mit der Tragödie „Der befreite Prometheus" des Dichters Aeschylus: der Titan Prometheus bringt den Menschen gegen den Willen des Göttervaters Zeus das Feuer. Zeus straft den unsterblichen Titan Prometheus, indem er ihn auf ewig in Ketten legen lässt. Doch Prometheus weiß von einer drohenden Gefahr für Zeus, die aus dessen geplanter Hochzeit mit der Nymphe Thetis entsteht. Prometheus warnt den Zeus, und aus Dankbarkeit dafür löst Zeus dessen Gefangenschaft auf.

Das entscheidende Moment, das sich in Aeschylus' Tragödie zeigt, ist die Bezwingung der Götterwelt durch Prometheus: diesen sieht Nietzsche stellvertretend für das ungeordnete Prinzip der „wilden und nackten Natur"[101], der Urkräfte hinter allem Leben, der Schönheit wie der ethischen Vernunft. Gegen diese Urkräfte haben sich die Griechen durch den Aufbau ihrer apollinischen, das heißt maßvollen und individualisierten Götterwelt zu schützen versucht. Doch indem der Prometheus dem Zeus einen neuen Pakt mit der Titanenwelt, mit der Welt der nackten wilden Naturkräfte also, aufzuzwingen in der Lage ist, erkennt Aeschylus die Übermacht dieser Naturkräfte an: eben dadurch wird in der griechischen Tragödie hinter dem Apollinischen auch immer das Naturhafte, Unbezähmte, Rauschhafte erkannt: das

Dionysische, benannt nach Dionysos, dem Gott des Weines und des Rausches und der Ekstase.

Wir sehen hier, inwiefern Nietzsche in seiner Ästhetik das Wegbrechen jeden metaphysischen Sinns mit der ästhetischen Sinnfindung vereint: Obwohl – oder gerade weil – Nietzsche übergeordnete Sinnzusammenhänge bestreitet, wird die ästhetische Betrachtung zwingend notwendig, weil den Menschen ein „ungeheures Grausen [ergreift], wenn er plötzlich an den Erkenntnisformen der Erscheinung irre wird"[102]. Mit anderen Worten: wenn der Mensch den Nihilismus der Welt erkennt; wenn ihm bewusst wird, dass es in der aufgeklärten Gesellschaft keinen Halt mehr in traditionellen Strukturen oder in Gott gibt; wenn er feststellt, dass noch immer oder wieder oder sogar verstärkt, noch vor jeder Ethik, einfach das Recht des Stärkeren gilt; dann ist es allein der mit der apollinischen Darstellung sich verbindende dionysische Rausch, in dem sich der Mensch gleichsam in seiner Umwelt auflöst, in dem sich das Individuum quasi bis zur völligen Selbstvergessenheit subjektiviert.[103] Eben damit ist die Rolle der ästhetischen Wahrnehmung bei Nietzsche die gleiche wie bei Schiller – und zugleich auch so vollkommen anders - und eine für die Moderne so fundamental wichtige Bereicherung der Schiller'schen Ästhetik: waren es bei Schiller die Schönheit und das Erhabene, die den Menschen frei für seine moralische Aufgabe machten, so ist es bei Nietzsche die Verbindung von Apollinischem und Dionysischem, die ihn den Nihilismus, also: die a-moralische Lebensrealität, ertragen lässt. Die Gemeinsamkeit bei Beiden ist die Überwindung der Zweckperspektive: die Mit-Welt wird nicht bloß als Zweck für das eigene Sein empfunden, weil die egoistische Zweckperspektive - in der Schönheit (Schiller) wie im dionysischem Rausch (Nietzsche) - überhaupt überwunden wird.

Letztlich liegt der Unterschied zwischen Schiller und Nietzsche auch in einer *optimistischen* oder *pessimistischen* Sichtweise: für Schiller gibt es eine übergeordnete Wahrheit, das menschliche Worumwillen, und es ist die Aufgabe des Gefühls, die reine Vernunftperspektive zu überwinden, weil Moralprinzipien allein durch die Vernunft bloß *verstanden*, nicht aber *empfunden und gelebt* werden können. Nietzsche hingegen will die Vernunft vollends überwinden: er kritisiert die auf Sokrates zurückgehende Vernunftperspektive, dass „alles [...] verständig sein [muss], um schön zu sein"[104], denn die hellenistische Vernunftkonzeption würde damit ein Versprechen liefern, das sie nicht einlösen könne: das *optimistische* Versprechen nämlich, mit Vernunft ließen sich am Ende alle Probleme lösen. Doch ist der dionysische Rausch mehr als bloß *Flucht* vor unlösbaren Problemen. Vielmehr hat er eine kultivierende Funktion insofern, als dass er den Menschen sein Dazugehören im gesellschaftlichen Kontext durch Ent-Individualisierung spüren lässt. Mangelte es an diesem Effekt, müsste der sokratisch-schiller'sche Optimismus letztendlich ins Verderben führen, wenn nämlich die von optimistischen Versprechungen „bis in die niedrigsten Schichten hinein durchsäuerte Gesellschaft allmählich unter üppigen Wallungen und Begehrungen erzittert, wenn der Glaube an das Erdenglück Aller [...] allmählich in die drohende Forderung eines solchen alexandrinischen Erdenglücks umschlägt"[105]. Denn, so Nietzsche weiter, die alexandrinisch-sokratische Kultur „braucht einen Sclavenstand, um auf Dauer existieren zu können: aber sie leugnet, in ihrer optimistischen Betrachtung des Daseins, die Nothwendigkeit eines solchen Standes und geht deshalb, wenn der Effect ihrer schönen Verführungs- und Beruhigungsworte von der ‚Würde des Menschen' und der ‚Würde der Arbeit' verbraucht ist, allmählich einer grauenvollen Vernichtung entgegen. Es giebt nichts Furchtbareres als einen barbarischen Sclavenaufstand, der seine Existenz als Unrecht zu betrachten gelernt hat und sich anschickt [...] Rache zu nehmen."[106]

Was Nietzsche hier beschreibt, ist ganz offensichtlich nichts anderes als eine soziale Gemengelage, die bekanntermaßen schon Schiller zur Niederschrift seiner *Briefe* veranlasst hatte: der offenbare Widerspruch zwischen einer vernunftmäßig erkannten Gleichberechtigung und Würde des Menschen, und die gewaltbereite Entladung des gesellschaftlichen Drucks im Angesicht einer Realität, die diese Vernunftforderung nicht erfüllt. Beiden – Schiller und Nietzsche – ging es um die Überwindung dieses gesellschaftlichen Drucks: Schiller durch die Formulierung einer letztendlich utopischen Perspektive, da die Schaffung einer ästhetischen, ethischen Gesellschaft „eine Aufgabe für mehr als Ein Jahrhundert"[107] sei; für Nietzsche hingegen liegt der Schlüssel zum Glück zum Greifen nah: in der interesselosen, ästhetischen Weltanschauung, in apollinischer Schönheit und dionysischem Rausch stellt sich für ihn, zumindest für den Augenblick des (Kunst-) Erlebens, das ent-individualisierte Glück ein, das für Schiller als Grundlage einer ethischen Gesellschaft erst perspektivisch erreichbar schien. Und kennen wir nicht alle diese Momente des Glücks, in denen wir bei einem packenden Film, einer genussvollen Oper oder ergreifender Musik, kurz: in emotionalen Augenblicken das ganze Drumherum des Alltags vergessen und in einer Kunst-Welt versinken?

Doch kennen wir heute auch eine Ordnungslosigkeit der Welt. – Die Gesellschaft, national und global, steht vor komplexen Herausforderungen: angefangen bei unsicheren Einkommens-perspektiven und drohenden gesellschaftlichen Verteilungskämpfen im Angesicht einer „Industrie 4.0", einer künstlichen Intelligenz, die in den kommenden Jahren einen Großteil aller Arbeitsplätze vernichten wird; über die Frage nach einem humanen Umgang mit wachsenden Flüchtlingsbewegungen in einer von Kriegen und wirtschaftlicher Ungleichverteilung geprägten Welt; bis hin zur der Herausforderung eines Klimawandels, der das Leben aller Menschen auf diesem Planeten fundamental verändern wird, nicht zuletzt mit verursacht von einem sich stetig steigernden Erdbevölkerungswachstum.

Lassen sich für all diese Probleme überhaupt Lösungen finden, die *für alle gesellschaftlichen Gruppen gerecht* sind und das Vernunftversprechen von Würde und Gleichberechtigung für Alle einlöst? Wie geht jede und jeder Einzelne damit um, wenn Zukunftsentwicklungen zwingend mit materiellen Einschränkungen verbunden sein werden? Bedürfen wir als Individuen, aber auch als Gesellschaft, einer dionysischen Betäubung? Oder könnte uns eine tiefere Einsicht, wie sie Schiller vorschwebte, zu realen Problemlösungen führen? Ist unbegrenzter Vernunft-Optimismus noch angebracht? Und wie ist es aktuell überhaupt um das Apollinische und das Dionysische, das Schöne und Erhabene in unserer Gesellschaft bestellt?

III EFFIZIENZHÜLSEN

Die Moderne im Horizont des Absurden

Wir sprachen weiter oben vom gesellschaftlichen Druckaufbau in der Moderne, der sich aus dem Widerspruch zwischen der Forderung nach Rationalität und moralischer Gesetzgebungskompetenz an das Individuum und dessen real-gesellschaftlicher Stellung ergab. Dieser Druck fand in der französischen Revolution eine erste große Entladung – die ihrerseits nur eine vorübergehende war. Denn der rein vernunftbasierte Kritizismus der Neuzeit konnte keinen Weg aufzeigen, dass Ideal einer gleichberechtigten Gesellschaft in der Lebenspraxis zu realisieren. So beschritten Schiller und Nietzsche *ästhetische* Wege, die diesem Druck entgegenwirken sollten: durch die Wiederentdeckung der Moral in sinnlich-vernünftig ausbalancierter Wahrnehmung jener, in der Selbstvergessenheit des dionysischen Rausches dieser.

Albert Camus schrieb 1942 von einem ähnlichen Widerspruch und erkannte in diesem das *Absurde* der menschlichen Existenz: „An sich ist diese Welt nicht vernünftig – das ist alles, was man von ihr sagen kann. Absurd aber ist die Gegenüberstellung des Irrationalen und des glühenden Verlangens nach Klarheit, das im tiefsten Innern des Menschen laut wird. Das Absurde hängt ebensosehr vom Menschen ab wie von der Welt."[108] – Nietzsche hatte den Moment, in dem der Mensch den weltlichen Nihilismus seiner Existenz erkennt, als den Moment identifiziert, in dem er „irre wird"; diese Erkenntnis könnten nur die eigene Distanznahme von der Alltagswelt, die ästhetische Wahrnehmung und der dionysische Rausch heilen. Camus sieht diesen Moment des Irrewerdens gekommen in dem Augenblick, in dem der Mensch sich die Frage nach dem *Warum* der alltäglichen Mühsal, des alltäglichen Einerlei stellt. Ein Alltag, der mit einem meist viel zu frühen Weckerklingeln beginnt und mit einem gehetzten Frühstück, um dann mit einem gestressten Arbeitsweg seinen Lauf zu nehmen. Ein Alltag, der am Arbeitsplatz seinen ausgedehnten Höhepunkt findet, der nicht nur von selbstentfremdeter Tätigkeit, sondern zunehmend auch von durchgängigem Konkurrenzkampf und der ständigen Sorge um den Arbeitsplatz als Grundlage der eigenen Existenz geprägt ist. Ein Alltag, der in einen Abend mündet, in dem schließlich noch das persönliche Leben zu verwalten und etwa durch sportliche Aktivität die eigenen körperliche Leistungsfähigkeit zu erhalten ist, bevor er mit kurzweiliger Zerstreuung endet, sofern noch Zeit und Energie dafür vorhanden ist. Je weniger Energie übrig, desto seichter die Unterhaltung, die man zu konsumieren bereit ist. Ein Alltag, der schließlich in Wochenenden und Urlaubszeiten kleine Unterbrechungen findet (sofern nicht prekäre Arbeitszeiten und -verhältnisse diese Unterbrechungen unmöglich machen), die dann mit Aktivität und Erlebnis bis zur Überfülle befrachtet werden.

Diese *Ablenkung* ist bereits Ausdruck des Absurden, denn die Lebensspanne des Menschen ist begrenzt. Das eigene, selbstbestimmte Sein aber wird reduziert auf diese kurze Zeiten der Ablenkung. Im Arbeitsalltag wird das Morgen zum erstrebenswerten Ziel, doch dieses Morgen bringt keine Veränderung, es ist nur die kleine Auszeit, bevor, nach erneutem Anbruch des Alltags, ein erneutes Morgen herbeigesehnt wird. Ein absurder Kreislauf, der dann endet, wenn es für den Menschen kein Morgen mehr gibt.

Camus sieht drei Kräfte, die den Menschen auch im Angesicht der Erkenntnis des Absurden ein glückliches Leben führen lassen:[109] seine Auflehnung, seine Leidenschaft, und seine Freiheit. Für Camus gibt es „kein schöneres Schauspiel als die Intelligenz [des Menschen, d. Verf.] im Widerstreit mit einer ihm überlegenen Wirklichkeit"[110.] Dieses Schauspiel ist es, das Camus *Auflehnung* nennt, das dem Menschen seine innere Befreiung von den materiellen Beschränkungen gibt und das insofern genau der Bestimmung des Menschen als moralischer

Gesetzgeber, oder kurz: der Bestimmung des Menschseins entspricht, so wie wir es überall in der Geschichte der Ethik kennengelernt haben.

Die *Leidenschaft* hat für Camus einen quantitativen Aspekt: eben weil unsere Lebenszeit begrenzt ist, eben weil man sich dessen und der daraus resultierenden Vergänglichkeit jeder ideologischen Vorstellungen bewusst ist, gilt es leidenschaftlich, und das heißt: mit dem Leben verbunden, zu leben. Nicht nur die Qualität unserer Gedanken, sondern auch die Quantität unserer Erfahrungen bestimmt unsere Seinsfülle, ganz wie in Schillers Balance von Vernunft und Gefühl; genau so wie in Nietzsches Verbindung von apollinischer Ordnung und dionysischem Rausch.

Der *Freiheits*-Begriff, dem wir bei Camus als dritte Quelle des menschlichen Glücks wieder begegnen, hat nun keinerlei metaphysischen Bezug mehr. Darin unterscheidet er sich von den Freiheits-Definitionen, die wir bei unserem Streifzug durch ethische Konzepte seit der Antike kennengelernt haben. Menschliche Freiheit hatte sich in diesen Konzepten stets in konkreter Entscheidungsfreiheit gezeigt, stand aber immer im Horizont eines irgendwie gearteten höheren Zieles: des Guten, des Göttlichen, der moralischen Gesetzgebung. Camus hingegen zeigt nun, wie sich der Freiheits-Begriff mit dem dionysischen Rausch Nietzsches in Übereinstimmung bringen lässt. Wenn die materielle Umwelt als konsequent nihilistisch erlebt wird; wenn traditionelle und religiöse Bezüge nichts mehr bedeuten; wenn sich die gesamte Existenz der Rationalität unterzuordnen hat: dann gewinnt der Mensch, so Camus, seine Freiheit nicht dadurch, dass er sich abstrakte Moralsysteme ausdenkt oder Lebensziele setzt, die im Angesicht eines endlichen Lebens ohnehin ihren Sinn verlieren, sondern allein dadurch, dass er sich gerade von diesen Zielen und Vorstellungen *befreit*. Solche Lebensziele sind für Camus vielmehr eine Selbstbeschränkung der Freiheit als deren Ausdruck, und die Befreiung davon bedeutet insofern auch eine Distanznahme von den eigenen subjektiven Bedürfnissen, anders gesagt: von egoistischen Zielsetzungen.

Hier schließt sich mithin der Kreis: die Distanznahme von bloßer individueller Perspektive in der ästhetischen Wahrnehmung, die bei Schiller Voraussetzung zur Realisierung des moralischen Menschen, des Menschen *Menschheit* war; der dionysische Rausch Nietzsches, der dem Menschen die Loslösung von seiner Subjektivität und damit das glückliche Leben in einer nihilistischen Welt ermöglichte: im Freiheitsbegriff Camus' findet er seinen konkreten Ausdruck. Die Freiheit, sich nicht von einer Lebensperspektive vereinnahmen zu lassen, die wahlweise auf rein egoistischen Zielsetzungen oder auf abstrakten Gedankensystemen beruht; die Freiheit, eben im Konkreten anders handeln zu können, sich auch von gesellschaftlichen Konventionen lossagen zu können; diese Freiheit ist es, die eben diese Distanznahme zur rein subjektiven Sichtweise ermöglicht, und die insofern die Perspektive eröffnet auf eine Umwelt, auf eine Mitwelt, die von verschiedensten Perspektiven und Interessen gekennzeichnet ist. Eine Perspektive, in der ein glückliches Leben Aller nur möglich wird, indem jede und jeder Einzelne sein Glück in eben dieser von subjektiver Distanz geprägten Sichtweise findet.

Nach allem bisher Gesagten können wir zusammenfassen, dass offenbar dem, was Nietzsche den dionysischen Rausch nannte; dass der Trias von Freiheit, Auflehnung und Leidenschaft bei Camus; dass der Balance von Vernunft und Gefühl bei Schiller; kurz: dass der ästhetischen Wahrnehmung, die Emotion und Vernunft verbindet, und die eine Distanznahme zur reinen Subjektivität und den eigenen egoistischen Interessen ermöglicht; dass dieser ästhetischen Wahrnehmung eine elementar wichtige Rolle in einem gesellschaftlichen Lebensumfeld zukommt, das von Vereinzelung und Vermassung, Selbstoptimierung und Leistungsdruck, einseitiger Rationalität und Effizienzdenken geprägt ist. Nur in der bewussten Konfrontation mit dem Absurden, mit dem Nihilismus, bei gleichzeitiger Distanznahme in der ästhetischen Wahrnehmung, scheint es möglich, dieser Absurdität, dem psychischen

Druck, die diese erzeugt, zu begegnen. Peter Sloterdijk wies daher der Ästhetik sogar die Rolle einer *Philosophieersatzphilosophie* in der Postmoderne zu, weil nur sie das Auseinanderdriften von Gutem und Wahrem und Schönen in einem gesellschaftlichen Umfeld, das keine übergeordneten Sinnzusammenhänge mehr kennt, heilen könne.[111]

Ich möchte hier ein Bild benutzen, das dem materiell-biologischen Ursprung des menschlichen Daseins Rechnung trägt, indem es eine Analogie zur menschlichen Zelle herstellt. Als kleinste funktionelle Einheit des Körpers sind die Zellen Basis des menschlichen Lebens: in ihnen laufen die lebensnotwendigen Stoffwechselprozesse ab. Die Zellmembran erfüllt als Hülle nicht nur die wichtige Funktion des Schutzes der einzelnen Zelle vor äußeren Einflüssen aus ihrer Umgebung, sondern vor allem auch die der Steuerung der Aufnahme und Abgabe von Nähr- und Abfallstoffen: Moleküle diffundieren durch die Zellmembran in Abhängigkeit vom osmotischen Druck. Vereinfacht gesagt, steht der osmotische Druck für die erhöhte Konzentration eines gelösten Stoffes in der Lösungsmittelmenge auf beiden Seiten der halbdurchlässigen Membran: besteht dieser Druck innerhalb der Zelle, so strömt Lösungsmittel, meist das umgebende Wasser, in die Zelle ein, verringert so die Konzentration und sorgt mithin für einen Druckabbau.

Behalten wir dieses Bild bei, um auf den Druckaufbau zurückzukommen, den wir oben auf das Menschsein in der Neuzeit diagnostizierten. Die menschliche Hülle, bildlich gesprochen: die Membran, die den freien Menschen, den moralischen Gesetzgeber, kurz: das *Menschsein* an sich, schützen sollte; - diese Hülle war umgeben von einer gesellschaftlichen Realität, die moralische Prinzipien ignorierte und reale Freiheit einschränkte. Die reine Vernunft, dass bloß theoretische Wissen um die eigene moralische Freiheit, erwies sich als unzureichende Membran, um für einen dauerhaften Druckausgleich zwischen theoretischer Freiheit und seiner praktisch-moralischen Realisation zu sorgen. Wir sahen, dass es vielmehr der emotionalen Komponente, des dionysischen Rausches, der

120

ästhetischen Wahrnehmung bedarf, um die notwendige Distanznahme des Menschen zu ermöglichen, die erst die Perspektive auf moralische Freiheit ermöglicht. Sagen wir also: die ästhetische Wahrnehmung ist die geeignete Membran, um den Kern des Menschseins, um seine moralische Integrität und mit ihr den gesellschaftlichen Zusammenhalt zu schützen. Betrachten wir unter Spiegelung dieses Bildes aktuelle gesellschaftliche Entwicklungen, so haben wir zweierlei zu fragen: von welcher Art und Stärke ist der Druck, der heute auf das Menschsein, auf die freie und glückliche Existenz also, einwirkt? Und in welchem Zustand ist diese Membran, der die fundamentale Funktion zukommt, diesen Druck regulieren zu müssen?

Überdruck

Dass die westlichen aufgeklärt-demokratischen Gesellschaften unter Druck stehen, dass die Spannungen in ihnen zunehmen, - das ist angesichts des international zu beobachtenden Rechtsrucks, angesichts der flächendeckenden Wahlerfolge von populistischen Gruppierungen, die ihre Popularität durch Verunglimpfung ethnischer Minderheiten und Andersdenkender erzielen, angesichts einer verrohenden Diskussionskultur nicht zu bestreiten. Wodurch entsteht dieser Druck? - In der bundesrepublikanischen politischen Diskussion, die sich aus dem initialen Erstarken der Demonstrationen gegen eine vermeintliche „Islamisierung des Abendlandes" des Vereins „PEGIDA e.V." entspann, rückte sehr schnell das Schlagwort vom „besorgten Bürger" in den Mittelpunkt, dessen Ängste man ernst nehmen müsse. Subjektive Ängste und Sorgen bezogen sich auf potenzielle Gefahren durch die verstärkte Zuwanderung von Flüchtlingen für die Entwicklung kultureller Rahmenbedingungen der Gesellschaft und für die Sicherheitslage angesichts vereinzelter terroristischer Attentate, die von perspektivlosen Menschen begangen werden, die leichte Beute für pseudo-religiöse Radikalisierungsversuche terroristischer Organisationen sind. Solche Ängste mischten sich mit der Sorge und auch der Empörung darüber, dass diese Zuwanderung eine erhebliche Belastung für die staatlichen Finanzen darstellen, deren Knappheit in Verbindung mit einer erforderlichen Schuldenbegrenzung in der Vergangenheit stets als Argument für die Einschränkung sozialer Leistungen hergehalten hatte. Insofern gerierte sich der PEGIDA-Protest auch immer als Verteidigung des „einfachen Volkes" gegen eine vermeintlich ungerechte und bevormundende Behandlung durch die Regierenden, durch die sogenannte Elite.

Als sich die ersten PEGIDA-Demonstrationen in Dresden im Herbst 2014 formieren, ist jedoch das gesellschaftliche Klima schon für deren ideologische Ausrichtung vorbereitet: allein zwischen der Ersterscheinung im August 2010 und Frühjahr 2012 hatte Thilo Sarrazin bereits 1,5 Millionen Exemplare seines Buches „Deutschland schafft sich ab" verkauft[112], in dem er das Bild einer bundesdeutschen Gesellschaft entwirft, die an einem Verfall intellektueller Ressourcen und Leistungsfähigkeit leidet. Schuld daran sei die höhere Geburtenrate in der Schicht „der weniger Stabilen, weniger Intelligenten und weniger Tüchtigen"[113], während zugleich die Leistungselite zu wenig Kinder bekommen würde. Das qualitativ Neue an Sarrazins Buch ist vor allem die Attestierung einer quasi genetischen Disposition für Bildungs- und Leistungsferne, die nicht nur in der Gruppe der einheimischen Unterschicht, sondern vor allem auch in der Gruppe der muslimischen Einwanderer dafür sorge, dass diesen kulturell, gesellschaftlich und beruflich keine Integration in die Leistungsgesellschaft gelinge, ja: dauerhaft nicht gelingen könne.

Sarrazins Thesen und vermeintliche wissenschaftliche Belege sind weitgehend abstrus.[114] Fruchtbringend wird sein Buch in unserem Zusammenhang aber für eine Betrachtung seiner Wirkungsgeschichte. Die Kernbotschaft, die das Buch vermitteln will, richtet sich gegen die deutsche „Unterschicht" genauso wie gegen muslimische Einwanderer, die genetisch und intellektuell nicht in der Lage seien, eine *effiziente* Rolle in der Leistungsgesellschaft zu spielen; im Gegenteil: beide Gruppen stellten eine Belastung für das Sozialsystem und die arbeitenden Menschen dar, die es finanzieren. Die Stoßrichtung ist also klar: nicht Arbeitslosigkeit und damit einhergehende materielle Armut, „sondern die geistige und moralische Armut ist das Problem"[115]. Die klassische neoliberale Erzählung von der eigenverantworteten Armut erhält hier eine neue, entscheidende Wendung: das Armutsproblem ist nicht mehr länger nur das selbstverschuldete Problem der Betroffenen, sondern es wird zum Problem der Mehrheitsgesellschaft: die genetische Veranlagung der Unterschichten und der Ausländer wird zur ideologischen Rechtfertigung für die Forderung von Maßnahmen, die erheblich in deren freie Lebensgestaltung oder Kindererziehung eingreifen würden.

Wie ist es also möglich, dass diese Thesen Sarrazins eine so große Verbreitung erreichen konnten? Wie lässt sich erklären, dass ein so großer Leserkreis diese Thesen scheinbar dankbar aufgreift und für bare Münze nimmt?

Einen möglichen Erklärungsansatz bietet die Genese von Ressentiments, wie Max Scheler sie aufgezeigt hat. Ressentiments – das heißt die Herabsetzung und Verunglimpfung von ethnischen oder sozialen Minderheiten und deren Rechten – entstehen demnach, kurz gesagt, aus einer Ohnmachtssituation heraus, in der Betroffene in zum Beispiel materiell schwieriger eigener Lage keinen anderen Ausweg finden, als andere gesellschaftliche Gruppen herabzusetzen und für die eigene Situation verantwortlich zu machen.[116] Ein Mittel gegen die radikalen Tendenzen, die mit dem massenweisen Auftreten des Ressentiments verbunden sind, liegt in einer *Politik der Würde*, wie sie Avishai Margalit schon 1995 angemahnt hat: der Etablierung einer *anständigen* Gesellschaft, die dadurch charakterisiert ist, dass sie ihre Mitglieder *nicht demütigt*.[117]

Nun fallen politische Ansätze wie das von Margalit in gewisser Weise unter solche progressiven Konzepte, für deren Durchsetzung Habermas die Stärkung der innergesellschaftlichen Solidarität als elementar erkannt hatte. Wir bewegen uns im Kreis, wenn wir zum Abbau von gesellschaftlichen Spannungen auf politische Lösungen verweisen, die durch die gesellschaftlichen Entwicklungen gerade verhindert werden, insofern radikale Ränder gestärkt aus gesellschaftlichen Krisen hervorgehen. Wir wollen also zurückkommen auf die subjektive Ebene jeder und jedes Einzelnen in der Gesellschaft.

Hier eröffnet sich wieder die ethische Perspektive: was macht empfänglich für radikale Parolen, für Botschaften, die Menschen von Mitmenschen distanzieren? Wie und warum kann es passieren, dass sich die eigene Zufriedenheit steigert, wenn Rechte oder materielle Zuwendungen an Andere eingeschränkt werden, ohne dass sich an der eigenen konkreten Situation *dadurch* etwas ändert?

Es bräuchte also eine *ethische* Diskussion darüber, welche Folgen Thesen wie die Sarrazin'schen für das gesellschaftliche Klima haben, anstelle von ausufernden und immer in die gleichen ideologischen Argumentationssackgassen laufenden Diskussionen darüber, ob an solchen Thesen etwas dran ist.

Diese Problematik betrifft viele, vielleicht sogar die allermeisten relevanten Zukunftsthemen. Auch der Klimaproblematik kann nicht ausschließlich durch Sachfragen begegnet werden. Wissenschaftler sammeln Indizien, die es zwingend nahelegen, dass die beobachtbaren Klimaveränderungen zu einem großen Teil durch die Lebens- und Produktionsweisen der Industriegesellschaften verursacht sind. Sie zeigen auch dessen dramatische Folgen für unsere Zukunft auf. Aber die Gesamtzusammenhänge zwischen westlicher Lebensweise, globalem Bevölkerungswachstum und natürlichen Klimaveränderungen sind auch so komplex, dass es nicht nur „die eine Wahrheit" geben an. Und diese Komplexität betrifft letztlich sämtliche großen gesellschaftlichen Diskussionen, so dass im Grunde für eine Meinungsbildung in jedweder Thematik ein Expertenwissen notwendig wäre. Umso fataler ist es, wenn gerade im Angesicht fachlich immer tiefer gehender Diskussionen, die Auseinandersetzungen immer oberflächlicher werden. Auf diese Weise wird die Gesellschaft nicht nur anfällig für ideologische Manipulationen und den Einfluss von Lobby-Gruppen, sondern auf beiden Seiten treten Radikalität und Hysterie an die Stelle von Faktenwissen und gegenseitigem Verständnis.

Flüchtlingsbewegungen, Klimawandel, Ukraine-Krise 2014, Corona-Pandemie 2020, Fragen von sozialer Gerechtigkeit oder wirtschaftlicher Eigenverantwortung, Digitalisierung des Schul-unterrichts, Prinzipien der körperlichen Unversehrtheit oder von Impfpflichten – in all diesen gesellschaftlich relevanten Problemfeldern lässt sich eine tendenziöse bis manipulative Zuspitzung von Fakten beobachten, und die gesellschaftlichen Diskussionen sind durch die stets gleiche, harsche Kompromisslosigkeit und durch gegenseitige Verunglimpfungen geprägt.

Doch welche weiteren Folgen haben tendenziöse Berichterstattung und die zunehmende Etablierung von Mehrheitsmeinungen, deren Infragestellung immer öfter mit gesellschaftlicher Ächtung quittiert wird? - Gerade die Corona-Krise im Frühjahr 2020 hat in Deutschland gezeigt, dass das medial inszenierte Klima der Angst geeignet war, jede ernstzunehmende wissenschaftliche Diskussion über die Angemessenheit der Pandemie-Maßnahmen und die Einschätzung der wirklichen Gefahr durch dieses Virus von vornherein zu unterdrücken.

Wenn wir nun den gesellschaftlichen Umgang mit den Sarrazin'schen Thesen und mit der Corona-Pandemie in Beziehung zueinander setzen, dann ergibt sich ein *absurdes* Bild, und zwar ein Bild, dass in sehr viel konkreterer Weise absurd ist als die absurde Erkenntnis eines scheinbar sinnlosen Worumwollens bei Camus. Die öffentliche Meinung – wir wollen darunter die von der Öffentlichkeit als allgemein akzeptierte und als „politisch korrekt" wahrgenommene Meinung verstehen – stellte im Falle von Sarrazins Thesen an das Individuum die Forderung, diese kritisch und quasi wissenschaftlich zu hinterfragen und den Sarrazin'schen, ethnisch spaltenden Urteilen, nicht unreflektiert zuzustimmen. Derselbe Bürger aber sollte im Falle der Corona-Berichtserstattung propagierte Thesen und wissenschaftlich offenbar unsinnige Maßnahmen gerade *nicht* kritisch hinterfragen, sondern sah sich vielmehr als „Verschwörungstheoretiker" verunglimpft, wenn er Fakten aus dem *falschen* medizinisch-wissenschaftlichen Lager in die Diskussion einbringen wollte.

128

Wie kann ich also, allgemein gesprochen, von einem mündigen Bürger erwarten, dass er in einem Falle kritisch reflektiert, im anderen aber tendenziöse Berichtserstattung kritiklos akzeptiert? Solche konträren und irrationalen, rein interessengeleiteten Rezeptions- und Handlungsanforderung an den Menschen zeigen sich inzwischen bei immer mehr Themen. Dabei ist es wie schon angesprochen vor allem die Komplexität vieler Probleme, die der Einflussnahme durch unterschiedlichste Interessengruppen auf die gesellschaftlichen Diskussionen Tür und Tor öffnet, und zu sehr konkret *absurden* Debatten führt.

Absurd ist es zum Beispiel, wenn stets die Eigenverantwortung für das eigene, vor allem materielle, Glück gepredigt wird, obwohl doch klar ist, dass unter der aktuellen wirtschaftspolitischen Arbeits- und Vermögensverteilung ein finanziell existenzsicherndes Auskommen *für Jede und Jeden* schlicht nicht erreichbar ist.

Absurd ist es zum Beispiel, wenn möglichst viel Konsum zum Ideal des Menschen wird, damit er ein Wirtschaftssystem am Leben hält, das durch einen ständig zunehmenden Ressourcenverbrauch und durch Umweltzerstörung die eigene Zukunft des Menschen und seiner Kinder aufs Spiel setzt.

Absurd ist es zum Beispiel, das Arbeitsideal und Ideal des Leistungsstrebers hochzuhalten in einer Zeit, in der die Gesellschaft ungleich mehr produziert als sie wirklich benötigt, und in der für diese Produktion außerdem immer weniger menschliche Arbeitskraft erforderlich ist. Noch absurder wird diese Disbalance angesichts der Perspektive einer „Industrie 4.0", die voraussichtlich den Großteil der heutigen Arbeitsplätze wegfallen lassen wird.

Absurd ist es zum Beispiel, wenn der Einzelne nicht nur (eigen-) verantwortlich, sondern vor allem auch leistungsbereit sein soll, und doch gerade leistungslose Einkommen (etwa aus Finanztransaktionen) steuerlich besser gestellt sind als Arbeitsleistung.

Diese Liste ließe sich praktisch endlos fortsetzen. In allen diesen Fällen erzeugen die konträren und irrationalen, von Interessengruppen geleiteten Rezeptions- und Handlungsanforderung im Menschen eine Spannung, auf die er irgendwie reagieren muss. Um eben diese Spannung und den Druck geht es, der dadurch entsteht, dass Moralprinzipien eine Rolle spielen sollen, zugleich aber ungerechte und absurde Verhältnisse, da wo sie *systemrelevant praktisch* sind, akzeptiert werden sollen.

Wir müssen fragen: was passiert in dieser Situation allgegenwärtigen Druckaufbaus? Wie kann der Mensch reagieren? Gibt es noch übergeordnete Sinnzusammenhänge oder ästhetische Mechanismen, die in dieser Situation für einen gesellschaftlichen Ausgleich und *Druckabbau* sorgen, die das ganzheitliche *Menschsein* schützen?

130

Effizienzhülsen

Erinnern wir uns des Verständnisses vom *Menschsein* in Antike und Mittelalter: das *Worumwillen* wurde in einem glücklichen Leben gesehen, denn nur das Glück wird um seines selbst willen, und nicht um anderer Ziele willen erstrebt. Diese Erkenntnis brachte die Notwendigkeit einer Definition von Glück mit sich, und insofern wurde deutlich, dass das Erkennen des Glücks Vernunftgebrauch erforderlich macht, sei es zum Erkennen der philosophischen Weisheit in der Antike, oder der Gottesschau im Mittelalter. So oder so aber war das Worumwillen, auf der mehr lebenspraktischen Ebene, eng mit Selbstbeschränkung und Gemeinwohl-Orientierung verknüpft: wer den sozialen Charakter des Menschen und die Tugend der Gerechtigkeit erkannt hatte, konnte *vernünftigerweise* nicht anders, als auch auf gesellschaftliche Gerechtigkeit bedacht zu handeln. Und es machte gerade die *Freiheit* des Menschen aus, von seiner Vernunft Gebrauch zu machen und zu *erkennen*, dass die Selbstbeschränkung im eigenen Interesse liegt und dem eigenen Glück dient. Kurz: Lebensglück, Selbstbeschränkung und gesellschaftliche Perspektive kamen im *Menschsein* zusammen und hielten damit den Menschen nicht nur als Persönlichkeit zusammen, sondern sorgten auch für den gesellschaftlichen Ausgleich untereinander. Dass diese Grundausrichtung nicht zu einer Gesellschaft mit gleichen Rechten für Alle führte, haben wir bereits betont. Worauf wir hier Bezug nehmen, ist allein der Druck, der sich aus dem Widerspruch zwischen gesellschaftlichen Anforderungen und individuellen Handlungs-perspektiven ergeben kann, und diesbezüglich gilt, dass das Konzept des Menschseins die Membran bildete, die beides in Einklang brachte:

tugendhaftes, die eigenen Bedürfnisse beschränkendes Handeln galt *vernünftigerweise* als vorteilhaft und gewollt - sowohl aus gesellschaftlicher Perspektive wie auch aus der Perspektive des Individuums. *Das Menschsein bildete also die Membran, die Hülle, die den Menschen in seinem seelischen Erleben als ganzes schützte, indem es die Übereinstimmung seiner eigenen Ziele mit denen der Gesellschaft aufzeigte.*[118]

In der Neuzeit sahen wir dann das Menschsein auseinanderbrechen: religiöse und gesellschaftliche Zusammenhänge gingen verloren, und die menschliche Freiheit wurde nur noch unter dem Gesichtspunkt gesehen, dass diese gleichbedeutend mit Freiheit zur Durchsetzung der eigenen Interessen war. Die Hülle also, die den Menschen in seiner Selbstwahrnehmung schützte, zerbrach, und der Kritizismus versuchte eine neue schützende Hülle zu erschaffen: mit der rein rationalen Argumentation dafür, dass jeder Mensch moralischer Gesetzgeber und damit gleichberechtigt sei, schuf Kant die Grundlage für den modernen Menschenrechtsbegriff.

Allein: diese neue Hülle des Menschseins erwies sich als instabil. Wir kennen Schillers Diagnose, dass der rein rationale Ansatz keinen wirksamen Schutz bot gegen den Druckaufbau in einer Gesellschaft, in der eine bloß theoretische Gleichberechtigung gegen die faktischen Machtverhältnisse praktisch nicht durchgesetzt werden konnte. Und so waren es die ästhetischen Konzepte, die an die Stelle des Menschseins neuartige schützende Membrane setzten: bei Schiller die Schönheit als Balance von Sinnlichkeit und Vernunft, bei Nietzsche die Verbindung von apollinischer und dionysischer Wahrnehmung, und bei Camus Auflehnung, Freiheit und Leidenschaft. Als gemeinsamer Nenner dieser ästhetischen Konzepte offenbarte sich eine menschliche Freiheit, die sich gerade in einer Distanznahme von der eigenen Zweckperspektive manifestierte: *die ästhetische Wahrnehmung als Befreiung von der Abhängigkeit von lebenspraktischen Reglementierungen – als Befreiung vom Absurden – bildete nun die Hülle, die den Menschen in seinem Sein vor dem neuzeitlichen Nihilismus schützte.*

Was, so müssen wir endlich fragen, schützt uns heute vor dem Absurden, dem wir immer massiver und konkreter ausgesetzt sind? – Das antike oder mittelalterliche Menschsein im Sinne eines metaphysisch gedachten Guten scheint seit Beginn der neuzeitlichen Wissenschaft unwiderruflich verloren - und wäre mit modernen Vorstellungen von Menschenrecht und Menschenwürde ohnehin unvereinbar. Doch wie steht es heute um unsere ästhetische Wahrnehmung?

Nach allem, was wir von Schiller, Nietzsche und Camus wissen, können wir drei essentielle Eigenschaften der ästhetischen Wahrnehmung identifizieren. Sie ist erstens durch etwas geprägt, was wir im weitesten Sinne als *unvoreingenommenes Erkennen* bezeichnen können. Die Distanznahme von der ausschließlichen Fixierung auf eigene Zwecke ist dafür eine wesentliche Grundlage, aber genauso kommt unvoreingenommenes Erkennen auch in der Bewusstmachung von Lebensbedingungen zum Ausdruck. Schönheit, so haben wir gesehen, ist Balance von Gefühl und Vernunft. Daher bedeutet unvoreingenommene Wahrnehmung auch, dass vermeintliche Wahrheiten rational hinterfragt und zugleich gefühlsmäßig reflektiert werden. Für Nietzsche wie für Camus war klar, dass Nihilismus oder empfundene Sinnlosigkeit keine Anomalien, sondern prägende Merkmale menschlichen Lebens sind. Umstände und Geschehnisse also, die sich uns als problematisch oder widerständig auf unserem Lebensweg entgegenstellen, werden in der ästhetischen Wahrnehmung als *zum Leben gehörend erkannt.* Kaum ein Ereignis, das scheinbar schicksalhaft über uns herein bricht, muss unerträglich sein, wenn die eigene Perspektive traditionelle Sichtweisen überwindet und sich öffnet für neue Denkansätze. Jede Krise kann Anlass und Gelegenheit sein, das eigene Denken und Handeln zu reflektieren und gegebenenfalls zu verändern. Seien es persönliche, gesundheitliche oder finanzielle Krisen, oder gesellschaftliche Herausforderungen wie der Klimawandel oder globale Flüchtlingsbewegungen: jede Krise zeigt dem offen wahrnehmenden Menschen, dass es auch persönlichen Handlungsbedarf gibt; denn als in einer Gesellschaft Lebende tragen wir immer *auch persönlich* Mitverantwortung an gesellschaftlichen Entwicklungen, sei es durch unser Handeln und durch Unterlassen.

Ästhetische Wahrnehmung verschließt also nicht die Augen vor Missständen und der eigenen Verantwortung, ist also nicht in einem landläufigen Sinne bequem oder angenehm, und insofern gehört als zweite elementare Eigenschaft zur ästhetischen Wahrnehmung ein *Aushaltenkönnen*, die Psychologie spricht auch von *Resilienz*. Dies wird wiederum möglich durch Distanznahme, ja mehr noch: die moralische Erhebung über Zwänge der materiellen Welt. Doch bleibt diese moralische Erhebung keine bloße Vernunftforderung an ein sich selbstkasteiendes Individuum. Man muss nicht stoisch nach dem Motto leben: „Stell' dich nicht so an, Du musst nur das Richtige denken und schon geht es Dir besser." Ganz im Gegenteil, manifestiert sich das Aushaltenkönnen in Nietzsches' dionysischem Rausch genauso wie in Camus' Leidenschaft: die ästhetische Wahrnehmung begnügt sich eben nicht mit reinen Gedankenspielen, vielmehr macht sie sich Missstände bewusst und hält sie aus – gerade dadurch, dass sie sich nicht mit ihnen abfindet, sondern: sie verändern will. Das Aushaltenkönnen, das Akzeptieren also von Unvermeidbarem als zum Leben gehörend, wird so zur aktiven und mithin selbstbestimmten Gestaltung der Beziehung des Selbst zu den Lebensumständen. Insofern ist dieses zweite Merkmal der ästhetischen Wahrnehmung zugleich Voraussetzung für ihre dritte Eigenschaft: den *progressiven Veränderungswillen*. Denn wo moralische Missstände erkannt werden, da will der Mensch, der sein Menschsein spürt, auch gegensteuern. So, wie Sisyphos sein Glück spürt, indem er sich gegen seine ewige Verdammung zum Wälzen des Felsens moralisch auflehnt, so nimmt auch der ethisch denkende Mensch sein Schicksal an und erkennt seine Pflicht in der ethischen Gestaltung seiner Umweltbeziehungen.

Zusammengefasst: ästhetische Wahrnehmung *reflektiert, hält aus* und *will moralisch gestalten*. Die „ästhetische Membran" als schützende Hülle schützt das Menschsein durch eine *ästhetisch kompetente Seinsweise*, die heute auch insofern elementar wichtig ist, als dass die Wirklichkeit mehr denn je durch Wahrnehmungsprozesse konstituiert wird[119]: gerade angesichts immer komplexer werdender Zusammenhänge und der bereits diagnostizierten faktischen Notwendigkeit von Expertenwissen erhält der Bürger all seine Erkenntnisse inzwischen mehr oder weniger durch Medien und soziale Kommunikationsplattformen vermittelt, die ihrerseits von Interessengruppen manipulierbar sind. Die im Frühjahr 2018 bekannt gewordene Nutzung von illegal abgegriffenen Facebook-Nutzerdaten zur Beeinflussung der US-Präsidentschaftswahl ist nur ein besonders aufmerksamkeitswirksames Beispiel für solche Manipulationen. Insofern wäre die Fähigkeit, sich soziale Plattformen im Internet als produktive Kommunikationsinstrumente nutzbar zu machen, anstatt sie bloß für die Verbreitung privater Trivia zu gebrauchen, bereits eine ästhetische Kompetenz: im ersteren Fall macht sich der Mensch die technischen Möglichkeiten untertan, im letzteren bleibt er Konsument und Untertan unter die technischen Möglichkeiten und die sie betreibenden Konzerne.

Dass aber die überwältigende Mehrheit der Benutzer Plattformen wie zum Beispiel Facebook gerade nicht in diesem Sinne auf *kompetente* Art und Weise nutzt, deutet schon darauf hin, dass die zeitgenössisch dominierende Wahrnehmung und Handlungsweise keine ästhetische ist. Betrachten wir unsere Alltagswelt unter dem Gesichtspunkt der drei Merkmale ästhetischer Wahrnehmung, so müssen wir feststellen, dass reines *Effizienzdenken* die Fähigkeit und Bereitschaft zu Reflexion, Widerständigkeit und Veränderungswillen inzwischen größtenteils verdrängt hat. Die neoliberale Ideologie, die bei Sarrazin zum Ausdruck kam, hat mittlerweile so sehr einen quasi-religiösen Status bekommen, dass die Würde eines Menschen mehr oder weniger unverblümt von seiner Leistungsfähigkeit oder, mit einem anderen Wort: von seiner Effizienz abhängig gemacht wird

Dieses gesellschaftlich erwartete und individuell internalisierte *Effizienzdenken* ist das Gegenteil von ästhetischer Wahrnehmung. Wir können diese Wahrnehmung insofern auch als *An-Ästhetik* definieren: eine Wahrnehmung, die sich gerade nicht für andere Perspektiven öffnet, sondern sich im Gegenteil dumpf auf das bloße Eigeninteresse konzentriert, dieses aber tatsächlich, da es nicht reflektiert, nur allzu leicht verfehlt. Es ist eine ethisch geradezu narkotisierende Wahrnehmung, und so hat Wolfgang Welsch auch zu Recht auf die Nähe des Begriffs An-Ästhethik zum Begriff *Anästhesie* hingewiesen.[120]

An-ästhetisch ist also die Wahrnehmung, die unseren Alltag heute bestimmt. Diese These lässt sich leicht belegen, wenn wir populäre Lebensentwürfe, Kommunikationsformen und modernes Konsumverhalten unter dem Aspekt der drei essentiellen Eigenschaften ästhetischer Wahrnehmung betrachten. Denn Reflexion, Widerständigkeit und Veränderungswille sind kaum vereinbar mit den Erwartungen, mit denen sich die Menschen heute konfrontiert sehen. Die Erwartungshaltung der Gesellschaft an das Individuum läuft am Ende auf die bloße *Effizienzforderung* hinaus, die inzwischen bereits im Vorschulalter beginnt, wenn im Kindergarten der Umgang mit Computern eine Technik-Affinität erzeugen soll, die im Sinne der Verwertung der eigenen Person am Arbeitsmarkt sinnvoll erscheinen mag, deren Auswirkungen auf die Persönlichkeitsbildung aber höchst fraglich sind. Hochschulbildung hat humanistische Bildungsziele großenteils aufgegeben und verschreibt sich der Schaffung geeigneter Berufskompetenzprofile. Die lebenslange Weiterbildungsforderung betrifft nicht etwa ethische und moralische Reflexion, sondern wiederum den Ausbau der Berufseignung, um stets den sich durch technischen „Fortschritt" ändernden Anforderungen zu genügen; ein Fortschritt, der zum Großteil zu noch mehr Ressourcenverbrauch und Umweltbelastung führt, aber ansonsten eher der Unterhaltung bzw. der Umsatzsteigerung dient, nicht aber gesellschaftliche Probleme löst.

Vom Einzelnen wird also immer mehr Kompetenz verlangt, die allerdings bloß rein praktisch sein soll, ja: sein darf. Im Optimalfall arbeitet ein leistungsbereiter junger Mensch an seiner Karriere und erzielt ein hohes Einkommen, das er zu Konsumzwecken möglichst rasch wieder in Umlauf bringt – gern unreflektiert und gesteuert von den Botschaften der Werbeindustrie.

Doch auch jenseits der beruflichen Sphäre geht es um Effizienz: Gesundheit und Fitness müssen letztlich zugunsten der Leistungsfähigkeit erhalten bleiben. Dass zum Leben auch verschwenderischer Genuss gehört, gilt mehr und mehr als verpönt: so wird gesundheitsgefährdendes Verhalten wie etwa das Rauchen nicht nur gesetzlich mehr und mehr reglementiert, sondern erfährt im politischen Diskurs auch immer stärkere gesellschaftliche Ächtung. Wer ungesund lebt, etwa zu wenig Sport treibt und zu fett oder zu süß isst und übergewichtig oder krank wird, wird zunehmend primär unter dem Aspekt einer finanziellen Belastung für das Gesundheitssystem beurteilt.[121]

Effizienzdenken setzt sich also in allen Lebensbereichen durch und nötigt dem Einzelnen die Internalisierung bestehender Leistungs- und Konsumideale auf. Werbung, Konsum, Leistungs- und Effizienzdenken propagieren aber das Gegenteil von Reflexion, Widerständigkeit und progressiven Utopien, genau so wie von verschwenderischer Lebenslust und dionysischem Rausch. Was vorherrscht, ist also das Gegenteil von ästhetischer Wahrnehmung. Damit hat das Effizienzdenken einen doppelten Effekt: es entkernt nicht nur das *Menschsein*, indem es nur noch die effiziente Zweckperspektive vom Menschen einnimmt, sondern es zementiert zugleich diesen Zustand, indem es die

138

ästhetischen Kompetenzen, die eine ganzheitliche Perspektive des Menschseins wieder in den Fokus rücken könnten, zerstört.

Zurück bleibt eine *Effizienzhülse*, die in doppelter Hinsicht so bezeichnet werden kann. Insofern, als dass sie nicht mehr die ganzheitlichen Interessen des Menschen – sein *Menschsein* –, sondern nur noch seinen sinnentleerten Effizienzkern schützt. Und insofern, als dass sie, in einem anderen Wortsinn, gleich einer Patronenhülse, eine zerstörerische Wirkung entfaltet: sie wird zu einer Gefahr für den gesellschaftlichen Frieden und Zusammenhalt, weil sinnstiftende und die Menschen verbindende Bezüge nicht mehr erkannt werden.

Letzteres tritt in Form einer Verrohung der Diskussionskultur und der unverhohlenen Unterstützung populistischer Parteien immer deutlicher zutage. man reagiert auf gesellschaftliche Veränderungen mit Ausschaltung jeglicher Rationalität und lässt seinen Ressentiments freien Lauf, und man wählt „Alternativen", deren Programme bloß auf eine Spaltung der Gesellschaft und auf die Schlechterstellung ethnischer oder religiöser Minderheiten oder einfach Andersdenkender hinauslaufen, aber keine echten Lösungen für die relevanten Zukunftsprobleme anbieten.

Aber warum wird so reagiert? Weshalb stärken gesellschaftliche Krisen nicht diejenigen politischen Strömungen, die ihre Politik tatsächlich im Sinne der Betroffenen ausrichten? - An dieser Fragestellung wird das Effizienzdenken virulent. Denn indem die ästhetischen Fähigkeiten der Reflexion, des Aushaltenkönnens und des Veränderungswillens verloren gehen, gedeiht an ihrer Stelle ein gesellschaftliches Klima von Radikalität, Rachsucht und Gewalt. „Soziale Plattformen" im Internet sind voll von unreflektierten Hasskommentaren, und immer öfter richtet sich der Hass auch gegen demokratische Institutionen bzw. politische Funktionsträger. So erhielt etwa der Bürgermeister des rheinland-pfälzischen Kandel seit der Ermordung eines 15-jährigen Mädchens durch einen Flüchtling hasserfüllte E-Mails mit Gewaltandrohungen wie „Alle Welt weiß, wo du wohnst", oder "Erst Ihre Kinder abschlachten, dann das Weib und Dich als Strafe weiterleben lassen." - Auslöser war nicht mehr als seine Warnung vor Pauschalverurteilungen und sein Aufruf, auf diese Straftat besonnen zu reagieren.[122] Seither sind Drohungen gegen politische Mandatsträger fast an der Tagesordnung, und in der Ermordung des Kassler Regierungspräsidenten Lübcke im Juni 2019 wurden diese Drohszenarien in erschreckender Weise tragische Realität.

Um es noch einmal zu betonen: Effizienzdenken ist nicht die Ursache für gesellschaftliche Missstände und persönliche Probleme. *Aber es verhindert eine adäquate Reaktion darauf.* – Auf die komplexen Probleme der Moderne gibt es keine einfachen Lösungen. Die Augen zu verschließen und sich auf den kleinen Kreis der eigenen Interessen und den eigenen Mikrokosmos zurückzuziehen mag in einer Welt, die in so vielerlei Hinsicht im Wandel ist, kurzfristig beruhigend wirken und uns in Sicherheit wähnen lassen – Lösungen für die drängenden Probleme werden so nicht gefunden, sondern im Gegenteil: sie werden verhindert und die Probleme insofern nur verschärft. Und genau so wichtig: auch persönliches Glück lässt sich dadurch langfristig nicht erreichen.

Abgesehen also von oberflächlichen Scheinlösungen und kurzfristigen Beruhigungseffekten erfährt das Leben des Einzelnen keine positiven Impulse durch eine scheinbar pragmatische Effizienz-Perspektive. Wir erinnern uns an die Mahnung Platons, dass die Fokussierung auf die eigene Nutzenmaximierung gerade das Gegenteil von Freiheit bedeutet, da sie zu Unfreiheit durch die Abhängigkeit von Materiellem führt: Immer-Mehr-Wollen, oder zumindest die Angst vor einem In-Zukunft-Weniger-Haben, fordern ihren Preis.

Darin liegt die ganze Tragweite der Entwicklungen begründet, die zu den aktuellen gesellschaftlichen Spannungen führen: im Angesicht immer komplexerer Probleme, degenerieren die Problemlösungs-kompetenzen einer an-ästhetisch narkotisierten Masse. Medien, Werbung, Internet, Unterhaltungsindustrie – von allen Seiten schlägt dem Individuum die Botschaft entgegen: sorge Dich nicht, kümmere

Dich nicht um die Details, es gibt immer Jemanden, der Dir das abnimmt: die Bank, die sich um die Details kümmert; das Auto, das autonom fährt[123]; Alexa, die auf Zuruf deinen Tag organisiert und dir alle Fragen in einem für dich vollkommen ausreichenden Umfang beantwortet. Und im gleichen Zeitverlauf, in dem der Mensch sein berufliches Fachwissen spezialisiert, sich *effizient* und für den Arbeitsmarkt *nützlich* macht (solange es keinen Roboter gibt, der effizienter und nützlicher ist), verlernt er, die wirklich wichtigen Fragen des Lebens zu stellen, Zusammenhänge zu analysieren, und persönlichen Verzicht zu Gunsten des großen Ganzen in Kauf zu nehmen: die nächste Smart-Watch am Handgelenk oder der Trendwagen in der Garage werden wichtiger als eine lebenswerte Umwelt in den nächsten 50 Jahren.

Versuchen wir eine Definition: als *Effizienzhülse* wollen wir das Dasein eines Menschen bezeichnen, der es verlernt hat, Zusammenhänge zu erkennen und gängige Denkschemata zu hinterfragen, und stattdessen sein Glück ausschließlich in der Anpassung der eigenen Person und der persönlichen Lebensumstände an die Erfordernisse des Marktes und des Zeitgeistes sucht. Mit anderen Worten: das Bild von einem Menschen, der die Welt nicht mehr ästhetisch wahrnimmt, sondern nur noch unter Effizienzgesichtspunkten sieht; der auf dem Meer nur die Schiffe sieht, und auf den Schiffen nur die Waren, um es mit Hebbel zu sagen. Diese Charakteristik der Effizienzhülse impliziert zwingend, dass die anästhetische Wahrnehmung der Welt selbstverstärkend wirkt: indem sich Leben an einer selbstoptimierten Oberfläche abspielt, wird selbst Widerständigkeit zur Effizienzsache: wer gegen Massentierhaltung und genmanipulierte Lebensmittel ist, konsumiert vielleicht weniger Fleisch und meidet billiges Gemüse, aber Glück oder Zufriedenheit ergeben sich dann nicht aus dem Verzicht, sondern durch das Ausweichen auf schicke Bio-Läden, also durch das hippe Konsumverhalten - den entsprechenden Geldbeutel vorausgesetzt.

Arno Widmann schrieb in einem Artikel anlässlich des fünfzigsten Jubiläums der 68er Protestbewegung: „Oft war es so, dass ich erst bei der Tat die Erkenntnis hatte. Die Ungeheuerlichkeit des Vietnamkrieges, der Notstandsgesetze wurden mir klar, indem ich gegen sie demonstrierte."[124] Solche Erkenntnisse stellen sich nicht ein, wenn man vermeintlich engagiert eine Online-Petition unterschreibt. Heutige Protestformen bleiben somit oft in doppelter Hinsicht unwirksam: nicht nur wissen alle Beteiligten darum, dass mit einem Online-Klick keinerlei Anstrengung verbunden ist, und insofern selbst hohe Beteiligungen an solchen Petitionen noch kein Indiz für wirkliches Engagement großer Bevölkerungsteile sind. Wichtiger aber scheint noch dieser andere Aspekt: wer nicht wirklich aktiv ist, *spürt* auch nicht die Notwendigkeit des Aktivismus.

Ästhetische Wahrnehmung, aktiv werden, widerständig sein, aushalten: dies alles wirkt also selbstverstärkend, selbstaktivierend: der kleine Kreis der eigenen Interessen wird durchbrochen, indem das große Ganze nicht nur *gewusst*, sondern auch *gespürt* wird. *Das* ist der Unterschied zwischen *Schein* und *Sein*, zwischen *Effizienz* und *Leben*. - An den jährlichen Friedensmärschen zu Ostern nahmen auf dem Höhepunkt der Bewegung im Jahr 1968 etwa 300.000 Menschen teil, im Jahr 2014 waren es bundesweit noch 30.000.[125] Zum „Tag der Bundeswehr" im Juni 2015 nahmen 40.000 Besucher allein an zwei Werbe-Events der Luftwaffe teil – an nur zwei Standorten.[126]

Das unterhaltende Event eines Militärapparates wird wichtiger als das (lebens-) wichtige Engagement für den Frieden – so, wie der Konsum wichtiger als die Umwelt wird.

Dem reflektierenden Menschen ist natürlich klar, dass es langfristig kein persönliches Glück geben kann, wenn Jede und Jeder nur die eigenen egoistischen Ziele verfolgt. Wer nur noch anästhetisch wahrnimmt, merkt dies erst, wenn er selbst von den indirekten Folgen seines Desinteresses betroffen ist. Dieser Unterschied kann beispielsweise auch die einleitend gestellte Frage nach der Ursache der unterschiedlichen Reaktion der Menschen auf die Flüchtlingsströme beantworten: dem Einen ist längst klar, dass unser ausbeuterischer Umgang mit der Dritten Welt langfristig nicht ohne Folgen bleiben kann, und ihm ist bewusst, dass die Wohlstandsgesellschaft sich vor den globalen Verwerfungen dieses Handelns nicht wegducken kann; der Andere sieht sich bloß in seiner komfortablen und scheinbar sicheren und heilen (Konsum-) Welt gestört und lässt seinen Ressentiments freien Lauf.

Reflexion über Zusammenhänge und die Offenheit für Veränderungen nimmt die Angst vor denselben, eröffnet ein lebendigeres Leben und macht insofern fraglos glücklicher. Wir können dies als ganz praktischen Beleg für all die theoretischen Herleitungen des Glücksbegriffs nehmen, die wir in den unterschiedlichen ethischen Konzepten kennengelernt haben: das persönliche Glück ist letztes Endes abhängig von der inneren Haltung, die Gesamtzusammenhänge reflektiert, versteht und gleichzeitig emphatisch (mit-) fühlt, weil jedes Glück, das sich bloß für sich selbst interessiert, bloß konsumieren oder sich bloß oberflächlich unterhalten lassen will, sich von äußeren Bedingungen abhängig macht. Sich wegducken, die eigene kleine Welt erhalten zu wollen anstatt zu reflektieren, widerständig zu sein und verändern zu wollen, löst also nicht nur keine Probleme, zerstört nicht nur den gesellschaftlichen Zusammenhalt – sondern verhindert persönliches Glück, das über ein oberflächliches Augenblicksglück hinaus gehen kann.

Am eindringlichsten lässt sich die ganze Toxizität der anästhetischen Denkweise, die ganze Charakteristik der Effizienzhülse, wohl an einer einzigen heruntergebrochenen Fragestellung erkennen: *Was bringt mir das?* – Wenn in der eigenen Wahrnehmung die Sinnhaftigkeit von Verhalten ausschließlich verknüpft wird mit dem eigenen Nutzen daraus, dann ist die ästhetische, Glück und Sinn erzeugende, Menschen verbindende Perspektive ganz offensichtlich verloren gegangen.

Effiziente Systeme

Dass das Effizienzdenken für viele Menschen inzwischen so selbstverständlich geworden ist, dass der Glaube an technischen Fortschritt und den freien Markt zur Lösung von Zukunftsproblemen stärker ist als die Einsicht zur Notwendigkeit von Selbstbeschränkung und Verzicht, haben wir bereits festgestellt. Wenn stetig steigender Flug- und Individualverkehr den Kohlenstoffdioxid-Gehalt der Atmosphäre und damit die Klimaerwärmung voran treiben, dann wird die Weiterentwicklung der Elektromobilität – oder neuerdings gar die Entwicklung elektrisch angetriebener Flugdrohnen - als Lösung propagiert. Dies wohl wissend, dass auch für die massenweise Herstellung der erforderlichen Batterien wiederum endliche Rohstoffe benötigt werden, die zudem in Dritteweltländern unter äußerst gesundheitsschädlichen Bedingungen abgebaut werden. Ein anderes Beispiel der Technikgläubigkeit wurde bereits oben angesprochen: Experimente mit der Freisetzung von Schwefeldioxid in der Atmosphäre, um Sonnenlicht abzuschirmen und damit die Klimaerwärmung einzudämmen.

Effizienzdenken trägt den technischen Fortschrittsglauben also zwingend in sich: wenn sich eine Technik, eine Produktionsweise oder ein Verhalten als problematisch für Mensch, Tier oder Umwelt herausstellt, dann wird es mit Sicherheit eine effizientere Technik geben, mit der dieses Problem beseitigt werden kann, ohne Verzicht üben zu müssen. Dass dabei neue Probleme geschaffen werden, wird ignoriert. Schon seit längerer Zeit versucht die sogenannte Bionik, neue Techniken zu entwickeln, die Bewegungsabläufe oder spezifische Fähigkeiten der Natur nachahmen. So orientierten sich Autoingenieure beim Aufkommen der höheren Kompaktwagen, den sogenannten Vans, am Körperbau des kompakten Kofferfisches, der einen verhältnismäßig günstigen Strömungswiderstandswert bei gleichzeitig hoher Verwirbelungsstabilität aufweist.[127]

Wenn Bionik jedoch die Antwort auf Ressourcenknappheit sein will, indem sie zum Beispiel Autos oder auch Flugzeuge entwickelt, die weniger Treibstoff verbrauchen, dann ist dies ein Beispiel für ein Effizienzdenken, das seine Problemlösungsintention verfehlt, weil die Bionik einen systematischen Denkfehler macht. Sie will Technik zum Nutzen des Menschen umweltfreundlich gestalten, indem sie Natur imitiert, genauer: deren *Effizienz* imitiert. Der Denkfehler ist dabei folgender: *die Natur ist als* System *effizient, nicht aber im Hinblick auf die Existenz von Gattungen oder Individuen.*

Was tut der Mensch also bei der Bionik? – Er analysiert die effizienten Fähigkeiten, etwa von Kofferfischen (Strömungswiderstandswert), Termiten (für deren temperaturausgleichende Bauten) oder Feuerkäfer (für deren Fähigkeit, Infrarotstrahlung von Brandherden auf eine Distanz von bis zu 80 Kilometern wahrzunehmen), und will diese bei technischen Entwicklungen für sich nutzbar machen. Was er dabei übersieht, ist zweierlei. Erstens, sind weder Kofferfische, Termiten noch Feuerkäfer *insgesamt* effizient: dass Termiten durchlüftete Hügel aus Erde und Zellulose bauen können, in denen optimale klimatische Bedingungen für ihre Brut herrschen, bedeutet nicht, dass sie sich etwa gegen ihre natürlichen Feinde wie Ameisen oder Vögel besonders effizient schützen könnten. Der Mensch aber will die effizienten Fähigkeiten verschiedener Lebewesen in all seinen technischen Entwicklungen nutzbar machen, das heißt, er will *durch und durch effizient* werden, und hofft dadurch, Technikfolgeprobleme zu lösen. Was aber die *Gattung Mensch* hier versucht, ist in Summe nicht mehr, die effizienten Fähigkeiten einer anderen Gattung zu imitieren, sondern er will das *System Natur* imitieren. Dieses System mag insgesamt gesehen als effizient gelten, insofern eine Gattung spezifische effiziente Fähigkeiten hat und durch die eigene Existenz das System Natur stabilisiert. Alle Lebewesen stehen letztlich in einem natürlichen Wechselverhältnis zueinander: ein komplexes Beziehungsgeflecht, in dem einige

Lebewesen das Überleben von anderen sichern – und sei es dadurch, selbst zu deren Futterquelle zu werden.

Das „System Natur" mag also durchaus effizient sein, aber eines ist es nicht: *menschlich* – wenn wir darunter die moralisch-ethische Überlegungen einbeziehende Perspektive des Menschseins verstehen. Ein System, in dem der Tod von Lebewesen bestimmter Gattungen das Überleben der Mitglieder einer anderen Gattung sichert, ist in toto tatsächlich effizient. Diese Tatsache zeigt jedoch deutlich die Konsequenz auf, die sich daraus ergibt, wenn der Mensch versucht, diese systemische Effizienz auf eine einzige Gattung, nämlich seine eigene, zu übertragen: das System „Gattung Mensch" muss dann, will es in sich effizient sein, moralische Erwägungen ausblenden, und jedes einzelne Individuum dieser Gattung muss die ganze Effizienz des Systems in sich tragen.

Was wir oben auf der Grundlage ethischer Konzepte hergeleitet haben: dass nämlich die Entkernung des menschlichen Denkens auf reine Effizienzorientierung dazu führt, dass der Mensch zur Effizienzhülse degeneriert und sein *Menschsein* verliert, dass findet sich hier von der ganz praktischen Seite her bestätigt, nämlich als logische Schlussfolgerung aus der Effizienznachahmung der Natur. Das „System Natur" kann nur deshalb effizient sein, weil es sich nicht durch ethische Überlegungen reglementieren lässt, und nur unter dieser Prämisse kann auch die Effizienzhülse als solche existieren. Das Amoralische wird für die Effizienzhülse *natürlich*, und dies ist die gefährliche, weil sich selbst verstärkende Entwicklung.

Wie selbstverständlich dieses inhumane Denken inzwischen geworden ist, zeigen immer mehr Beispiele. Im April 2018 war beispielsweise vor dem Bremer Verwaltungsgericht eine Klage anhängig, mit der sich eine Schulrektorin dagegen wehren wollte, fünf Behinderte Schüler an ihrem Gymnasium aufzunehmen. Der Tenor in den Kommentarspalten der Online-Zeitungen war eindeutig: die überwiegende Mehrheit der Leserinnen und Leser wünschte der

Rektorin Erfolg bei ihrem Ansinnen und äußerte Verständnis dafür, wenn auch Eltern nicht behinderter Kinder gegen Inklusion protestierten, weil sie Nachteile für das Lernpensum ihrer eigenen Kinder durch ein Ausbremsen durch die behinderten Kinder fürchteten.[128]

Die Selbstverständlichkeit, mit der hier gegen Inklusion argumentiert wird, ist eine erschreckende Manifestation des von jeder ethischen Überlegung entkernten Effizienzdenkens. Ästhetisches Denken heißt, übergeordnete Prinzipien zu erkennen und die Bedürfnisse des Anderen anzuerkennen. In diesem Falle ist das übergeordnete Prinzip, sind die Interessen und Rechte der Anderen, sogar durch die Vereinten Nationen geschützt: Artikel 24 der UN-Dchindei teiirechtskonvention garantiert Menschen mit Behinderungen den gleichberechtigten Zugang zu einem inklusiven Bildungssystem, in dem sie nicht auf Sonderschulen abgeschoben werden. Denn worum es aus ethischer, also: ganzheitlicher, menschlicher Sicht, geht, ist Gleichberechtigung. Die UN-Behindertenrechtskonvention zielt darauf ab, Menschen mit Behinderung zu gleichberechtigten Individuen in der Gesellschaft zu machen und ihre Stigmatisierung zu beenden. Genau dieses Ziel kann natürlich nicht erreicht werden, wenn sie von den „gesunden" Kindern abgegrenzt und in Sonderschulformen gesteckt werden, weil sie eben nur als Belastung für die Entwicklung dieser vermeintlich „gesunden Kinder" angesehen werden.

Ein Denken, dass diese Perspektive nicht mehr erkennt; das sich vielmehr nur um die Bildungschancen des eigenen Kindes sorgt, und nicht um die Entwicklung einer gleichberechtigten Gesellschaft für Alle, entpuppt sich als reines Effizienzdenken, das den gesellschaftlichen Zusammenhalt gefährdet.

Die Gesellschaft und jede und jeder Einzelne zahlt also einen hohen Preis für das Effizienzdenken: den Verlust des gesellschaftlichen Friedens. Wir wissen aber bereits aus den ethischen und ästhetischen Konzepten, dass gesellschaftliches und persönliches Glück identisch sind: die reine Effizienzorientierung mag den *Nutzen* des Einzelnen maximieren, aber sie verunmöglicht dauerhaftes *Glück* und Sinnerfüllung, weil sie niemals das Hamsterrad des Maximierungsstrebens verlassen kann.

Viktor Frankl schrieb in seinen Schilderungen über das Leben im Konzentrationslager, dass durch den „Fortfall von Nikotin und Coffein [...] die Apathie und Gereiztheit nur noch gesteigert"[129] wurden. Natürlich hätten Suchtmittel das Leben im Konzentrationslager nicht humaner oder auch nur erträglich machen können, aber diese Bemerkung gibt doch einen Hinweis darauf, dass auch freies Leben – und damit eine freie Gesellschaft - nur dann human sein kann, wenn es nicht durchgängig effizient ist. Denn die angesprochenen Suchtmittel sind das Gegenteil von „effizient": sie können die Gesundheit des Menschen in Mitleidenschaft ziehen, sich negativ auf seine Leistungsfähigkeit auswirken – und dennoch scheint das Leben (nicht nur in Extremsituationen) mit solchen Rauschmitteln humaner zu sein als eine rein asketische, auf Maximierung von Leistungsfähigkeit und Lebenszeit ausgerichtete Lebensweise.

Diese Feststellung widerspricht nicht der von Sokrates her bekannten Feststellung, dass der Arzt seinem Patienten Maßhaltung verschreiben muss, wenn sonst seine Gesundheit gefährdet wird. Denn weder Sokrates noch Platon oder Aristoteles haben Askese gepredigt: wie wir sahen, galt die Balance zwischen Extremen als Tugend, und so sollten sich auch Genuss und Askese abwechseln. Nietzsche mit Apoll und Dionysos war hier deutlich.

Ein ethisch-ästhetisches Mittelmaß schließt Rausch und Genuss ein. Das Leben wird lebenswert, sobald es sich selbstbeschränkend reflektiert, aber weder in asketische, noch in gierig-maßlose Extreme verfällt. Hier schließt sich der Kreis: der reflektierende Mensch erkennt die Bedeutung der Balance von Vernunft und Gefühl, von Askese und Rausch, von Apoll und Dionysos für sein Menschsein und sein

Wohlbefinden: Glück und Freiheit tragen den Rausch in sich genau so wie den Verzicht.

Verzicht und Glück

Das Frühjahr 2020 ging für praktisch alle Menschen in Deutschland (und der ganzen Welt) mit einschneidenden Veränderungen einher. Auf die Corona-Pandemie reagierte die deutsche Regierung mit einem völligen Shutdown des sozialen und wirtschaftlichen Lebens, mit Einschränkungen von Mobilität und sozialen Kontakten.

Unabhängig von einer Diskussion, wie angemessen diese Maßnahmen in der durchgeführten Form tatsächlich waren, lassen sich daraus zwei Erkenntnisse gewinnen.

Erstens hat sich die Politik als Handlungs- und Durchsetzungsfähig erwiesen. Praktisch nie zuvor in der Bundesrepublik traten die Interessen der Wirtschaft derart in den Hintergrund hinter andere gesellschaftliche Interessen.

Zweitens entspann sich eine gesellschaftliche Diskussion darüber, *was wirklich wichtig ist.* Und dabei artikulierten sich Mehrheitsmeinungen, die nicht unbedingt überraschend und neu waren, deren klare Formulierung und Forderung aber offenbar als notwendig empfunden wurde: nämlich, dass Gesundheit wichtiger ist als Profit; dass pflegende Berufe mit zu den wichtigsten überhaupt gehören und gemessen an dieser Bedeutung völlig unterbezahlt sind; dass es offenbar Dinge gibt, die für das persönliche Glück wichtiger sind als Konsum.

Mit einem Wort: es zeigte sich, dass *Verzicht* auch positiv empfunden werden kann: dass weniger Verkehr, weniger Stress und mehr Solidarität offenbar Werte an sich darstellen. Oder anders gesagt: das Entschleunigungsglück, das aus der Selbstdistanzierung der ästhetischen Wahrnehmung erwachsen kann – also daraus, dass

Reflexion, Resilienz und Moralität an die Stelle von Konsum und oberflächlichem Egoismus treten; dieses Entschleunigungsglück wurde in der Krise auf eine ganz andere, nämlich auf gesetzlich erzwungene Art und Weise, für Viele zumindest zeitweise *erfahrbar*.

Wenn mit der angstauslösenden Krankheitswelle also zumindest kurzfristig und zumindest für Diejenigen, die nicht persönlich gesundheitlich oder finanziell betroffen waren – wenn also zumindest temporär und partiell *eine* positive *Erfahrung* mit der Corona-Krise verbunden war, dann sollte wenigstens diese Erfahrung auch für die Zukunft bewahrt werden. In diesem Sinne könnte diese Erfahrung selbst sogar eine *ästhetische* sein – indem sie *spüren* ließ, dass jenseits rein rationaler Zwecküberlegungen Entschleunigung, Verzicht und Solidarität positive Werte sind.

Fähigkeit zu Reflexion, Kraft zur Resilienz und Erkennen übergeordneter ethischer Prinzipen – das sind also genau die ästhetischen Fähigkeiten, die helfen können, persönlich gestärkt aus Krisenzeiten hervorzugehen. Krisen zeigen, wie wichtig die Fähigkeit zur ästhetischen Wahrnehmung ist, will der Mensch nicht bloß rational und effizient sein. Leben heißt Verschwendung! Leben braucht den dionysischen Rausch genau so wie die vernünftige und selbstbeschränkende Lebensart.

Es bleibt zu hoffen, dass neben den sozialen Berufen auch der Kunst- und Kulturbetrieb langfristig gestärkt aus gesellschaftlichen Wandlungsprozessen hervorgeht – seine Rolle ist elementar für eine ästhetische, für eine humane Gesellschaft. Die Erfahrung von künstlerischem Ausdruck genau so wie von intakter Natur, sowie die Fähigkeit zu unvoreingenommener und ästhetischer Wahrnehmung, sind elementar für das persönliche Glück. Und es bleibt zu hoffen, dass wir als Menschen angesichts zukünftiger Herausforderungen wie Klimawandel, Ressourcenknappheit und globaler Verteilungskämpfe uns dessen, was wirklich wichtig ist, rechtzeitig besinnen werden. Rechtzeitig genug, um uns die ästhetische Fähigkeit zu erhalten, das eigene Leben glücklich zu leben, die berechtigten Interessen der Anderen nicht zu ignorieren und insofern eine offene Gesellschaft und demokratische Prinzipien zu bewahren. Als Menschen, die ihr Leben im Sinne eines vollen und glücklichen Menschseins gestalten, und nicht als Effizienzhülsen.

Anmerkungen

1   *Bhagavadgita, Das Lied der Gottheit,* Aus dem Sanskrit übersetzt von Robert Boxberger, neu bearbeitet und herausgegeben von Helmuth von Glasenapp, Stuttgart 2008, S. 34.

2   Vgl. Viktor E. Frankl, *Der Mensch vor der Frage nach dem Sinn,* München/Berlin 2015, S. 21.

3   Einen kompakten Einstieg in die Thematik bietet zum Beispiel Wolfgang Welsch in *Ästhetisches Denken,* Stuttgart 2010.

4   Friedrich Schiller, „Über die ästhetische Erziehung des Menschen in einer Reihe von Briefen", in: Klaus L. Berghahn (Hg.), *Friedrich Schiller. Über die ästhetische Erziehung des Menschen in einer Reihe von Briefen,* Stuttgart 2013, S. 115.

5   Vgl. Sabine Tenta, *Wirtschaft als Pflichtfach an NRW-Schulen,* Westdeutscher Rundfunk: https://www1.wdr.de/nachrichten/landespolitik/wirtschaft-unterrichtsfach-nrw-100.html (Zugriff am 28.03.2018)

6   Ulf Poschardt, *Im Zweifel muss der deutsche Staat die Anpassung erzwingen,* Welt Online: https://www.welt.de/debatte/kommentare/article174984404/Chancen-fuer-Kinder-Im-Zweifel-muss-der-deutsche-Staat-die-Anpassung-erzwingen.html (Zugriff 28.03.2018).

7   Hebbel, Friedrich, „Brief an Fräul. R. vom 1. Oktober 1840" in: Ders.: *Tagebücher. Historisch-kritische Ausgabe von R.M. Werner, Zweiter Band 1840-1844,* Berlin-Steglitz 1904 , S. 69.

8   Der Begriff der *Tugend* für moralisches Verhalten impliziert bereits die Orientierung am Guten: Tugend ist die Übersetzung des griechischen aretē, dass die hellenistischen Philosophen von aristos ableiteten, dem Superlativ von „gut". Gutsein ist im Sinne dieser antiken Philosophen also ein „In-Bestform-Sein". Aristos kennen wir heute z.B. aus dem Wort „Aristokratie", das wörtlich übersetzt bedeutet, dass „die Besten" im Staate „mächtig" sind.

9   Platon, *Gorgias,* Leipzig 1943, S. 151.

10 Vgl. dazu die Anmerkung von Ernst A. Schmidt in Aristoteles, *Nikomachische Ethik,* Stuttgart 2013, S. 310.

11 Siehe dazu Platon, *Gorgias,* Kap. 22.

12 Platon, *Gorgias,* S. 63 f.

13 Aristoteles, *Politik,* Hamburg 1958, S. 283 f.

14 Vgl. dazu Hannah Arendt, *Vita activa oder Vom tätigen Leben,* insbes. Kap. 17.

15 Ebd., S. 159.

16 Vgl. Fustel de Coulanges, Der antike Staat, Essen o.J., S. 61 ff.

17 Ebd., S. 221 f.

18 Vgl. ebd., S. 190 f.

19 Vgl. ebd., S. 61 f.

20 Siehe dazu Aristoteles, *Nikomachische Ethik*, Buch I, 3.

21 Vgl. Platon, *Gorgias*, Kap. 66.

22 Vgl. dazu Johannes Hirschberger, *Geschichte der Philosophie*, Hamburg o.J., Bd. I, S. 325 f.

23 Vgl. dazu ebd., S. 317 f.

24 Augustinus, *De beata vita – Über das Glück, Lateinisch/Deutsch, Übersetzung, Anmerkungen und Nachwort von Ingeborg Schwarz-Kirchenbauer und Willi Schwarz*, Stuttgart 1982, S. 59.

25 Der Begriff des *Maßes* erfährt bei Augustinus im Vergleich zur Antike eine sozusagen metaphysische Erweiterung; denn wenn Augustinus das richtige Maß einerseits in einem aristotelischen Sinne als eine Mitte zwischen einem Zuviel und Zuwenig definiert, wird dieses richtige Maß andererseits eben als von Gott vorgegeben definiert, und insofern kann Augustinus auch feststellen, dass dieses richtige, weil mittlere Maß gleichzeitig auch ein „höchstes Maß" ist, insofern es gleichbedeutend mit der (göttlichen) Warheit ist; vgl. Augustinus, *De beata vita*, S. 61, 63.

26 Ebd., S. 47.

27 Ebd., S. 45; auch dies ein Zitat des Terenz.

28 Siehe zur Glücksdefinition vor allem: Thomas von Aquin, *Summa theologica*, Teil 2 – 1, q. 1 bis 4.

29 Allerdings ist diese Gottesschau, und damit das vollkommene Glück bei Thomas im Gegensatz zu Aristoteles für den Menschen nur im Jenseits erreichbar: „Irgend eine Art Glückseligkeit kann man in diesem Leben in Teilhabe bekommen: die vollkommene und wahre Glückgeborgenheit kann man aber in diesem Leben nicht haben.", Thomas von Aquino, *Summe der Theologie, Bd. 2: Die sittliche Weltordnung*, Stuttgart 1985, S. 40.

30 Thomas von Aquin, *Summe der Theologie*, Stuttgart 1985. Teil 2 – 1, q. 94 Art. 2.

31 Vgl. ebd., Teil 2 – 1, q. 18 Art. 2., sowie Teil 1, q. 5 Art. 1.

32 Zur Begriff der Gottesähnlichkeit und Gottesebenbildlichkeit siehe v.a. ebd., Teil 1, q. 4 Art. 3., sowie q. 93.

33 Vgl. ebd., Teil 2 – 1, q. 90 Art. 2., sowie q. 92 Art. 1.

34 Augustinus, *Bekenntnisse*, 5.A., Paderborn 1963, S. 155.

35 Ebd., S. 152.

36 Außerdem widerspricht der mögliche Böse Wille des Menschen nicht der Vollkommenheit Gottes, denn man könne zwar argumentieren, dass der Mensch mit der Fähigkeit zum bösen Willen eine Fähigkeit hätte, die Gott fehle, der nicht böse sein kann; dieses Argument sei aber absurd, da das Böse eben ein Mangel ist, die „Fähigkeit" zum Mangel aber gerade nicht eine Vollkommenheit darstellt, sondern diese vielmehr schmälert; vgl. Augustinus, *Der Gottesstaat*, Salzburg 1952, Buch V, 10.

37 Ebd., S. 211.

38 Ebd., S. 338 f.

39 Augustinus, *Bekenntnisse*, S. 197.

40 Vgl. dazu Johannes Hirschberger, *Geschichte der Philosophie*, Bd. I, S. 414 f.

41 Anselm von Canterbury, *Freiheitsschriften* (Über die Freiheit des Willens und andere Schriften; De libertate arbitrii et alii tractatus), Freiburg u.a. 1994, S. 107.

42 Vgl. ebd., Kapitel 1 der Schrift *Über die Freiheit des Willens*.

43 Vgl. ebd., Kapitel 7 der Schrift *Über die Freiheit des Willens*.

44 Entsprechend hatte zum Beispiel auch Aristoteles in der *Nikomachischen Ethik* dargelegt, dass, wer aus Unwissenheit handelt, nicht freiwillig handelt; auch hier gibt der Mensch also letztlich seine Willensfreiheit auf, wobei Aristoteles eine detaillierte Unterscheidung über verschiedene Arten des nochtfreiwilligen Handelns ausführt. So unterscheidet er zum Beispiel grundsätzliche Unwissenheit (etwa des unreflektierten, nicht-tugendhaften Menschen) von dem vermeidbaren Nichtwissen, wenn zum Beispiel durch Alkoholkonsum eine Handlung vorgenommen wird (vgl. Aristoteles, *Nikomachische Ethik*, S. 56 f.). Interessant ist in diesem Zusammenhang, dass in der aristotelischen Konzeption eine

45 Vgl. Deutsche Bundesbank, *Pressemitteilung vom 1.4.2015*, http://www.bundesbank.de/Redaktion/DE/Pressemitteilungen/BBK/2015/2015_04_01_schuldenstand.html.

46 Vgl. Auszug aus Peters Abelaerd *Ethica 1-3* in: Kurt Flasch (Hg.), *Geschichte der Philosophie in Text und Darstellung. Bd. 2*

Mittelalter, Stuttgart 1994, S. 270.

47 Vgl. Thomas von Aquin, *Summa theologica*, Teil 2 – 1, q. 19 Art. 9.

48 Vgl. ebd., Teil 2 – 1, q. 56 Art. 6.

49 Vgl. ebd.*s*, Teil 2 – 1, q. 5 Art. 5.

50 Siehe dazu Augustinus, *Die christliche Bildung (De doctrina Christiana)*, Stuttgart 2002.

51 Für eine ausführliche Schilderung des „Attentats von Anagni" siehe Johann Loserth, *Geschichte des späten Mittelalters von 1197 bis 1492*, Bremen 2013, §52.

52 Giovanni Pico della Mirandola,, *De hominis dignitate. Über die Würde des Menschen*, Hamburg 1990, S. 5,7.

53 Ebd., S. 7.

54 Ebd.

55 Ebd., S. 25,

56 Siehe dazu auch die sehr prägnanten Ausführungen bei Stephan Otto (Hg.), *Geschichte der Philosophie in Text und Darstellung. Bd. 3 Renaissance und frühe Neuzeit*, Stuttgart 1984, S. 342.

57 Cristofero Landino, *Disputitationes Camaldukenses ad Federicum Urbanitum Prinipem*. Florenz 1480, Zitiert nach Stephan Otto (Hg.), *Geschichte der Philosophie in Text und Darstellung. Bd. 3 Renaissance und frühe Neuzeit*, S. 353.

58 Zitiert nach Hellmut Diwald, *Weltbild Geschichte Europas, Bd. 1: Anspruch auf Mündigkeit*, Augsburg 2002, S. 135.

59 Siehe dazu etwa Tillmann Jorde, *Cristoforo Landinos. De vera nobilitate. Ein Beitrag zur Nobilitas-Debatte im Quattrocento*, Stuttgart und Leipzig 1995, S. 141 ff.

60 Tommaso Campanella, *Sonnenstaat*, in: Klaus J. Heinisch (Hg.), *Der utopische Staat*, Reinbek bei Hamburg 1987, S. 151.

61 Vgl. dazu Richard Saage, *Utopische Profile Bd.1 : Renessaince und Reformation*, Münster 2001, S. 99f.

62 Bacons Kritik an den gesellschaftlichen Sitten in seinem Heimatland kommt im Werk indirekt zum Ausdruck, wenn er die Ankömmlinge auf der Insel Neu-Atlantis etwa unter sich sagen lässt: „wir sind hier zu einem christlichen Volke voll von Frömmigkeit und Menschenliebe gekommen. Laßt uns – ich bitte Euch! – sorgen, daß wir unser Bild in ihren Augen nicht trüben, indem wir ihnen unsere Fehler oder unsere schlechten Sitten offen

vor Augen führen!" (Francis Bacon, *Neu-Atlantis*, in: Klaus J. Heinisch (Hg.), *Der utopische Staat*, S. 181.

63 So weist Berneri darauf hin, dass sich schon Platon in seinem *Staat* auf die detaillierte Beschreibung von Beschaffenheit und Leben der oberen Wächterklasse beschränkte, die anderen Klassen aber nur grob umrissen werden. (vgl. Marie Louise Berneri, *Reise durch Utopia*, Berlin 1982, S. 121) ; insofern mag das Ausbleiben dieser Schilderung auch dem Umstand geschuldet sein, dass Bacons Werk Fragment geblieben ist.

64 Auch wenn das politische System in Neu-Atlantis nicht genau ausbuchstabiert ist, so wird die exponierte und staatsleitende Rolle der Wissenschaftler, die in dem „Haus Salomon" genannten Wissenschaftszentrum der Insel Bensalem wirken, in den Ausführungen Bacons ganz deutlich: so liegt es in der Entscheidung der Wissenschaftsgemeinschaft, „genau zu erwägen, was von unseren Erfindungen und Versuchsergebnissen zu veröffentlichen angebracht ist, was dagegen nicht. […] Wenn wir auch einiges […] zuweilen dem König oder dem Senat enthüllen, so halten wir anderes doch völlig innerhalb unserer Gemeinschaft." (Francis Bacon, *Neu-Atlantis*, S. 214). Auch genießen die Wissenschaftler erhebliche Privilegien, sind sie doch beispielsweise die einzigen, denen das Reisen (zur Forschungszwecken) erlaubt ist.

65 La Rochefoucauld, *Maximen und Reflexionen,* Stuttgart 2016, S. 3.

66 Ebd., S. 8.

67 *Ebd.*, S. 11.

68 *Ebd.*, S. 24.

69 Julien Offray de La Mettrie, *Der Mensch als Maschine*, Nürnberg 1985, S. 59.

70 Ebd., S. 55.

71 Ebd., S. 57.

72 Körper und Geist müssen für Descartes zwangsläufig voneinander unabhängig sein, weil seine systemimmanente Beweisführung darauf aufbaut: da uns die Sinne über die Realität täuschen können, müssen wir letztlich jeden Sinneseindruck kritisch hinterfragen; nur dieser Prozess des Hinterfragens, das heißt: das eigene Denken, steht außerhalb des grundlegenden Zweifels.

Daher Descartes' zentrale Aussage, „Ich denke, also bin ich". Der Mensch kann sich also nur hinsichtlich seiner geistigen Tätigkeit sicher sein, nicht aber hinsichtlich seines Körpers, denn schon der eigene Körpereindruck könnte ein trügerischer Sein. *Deshalb müssen offenbar Körper und Geist von grundsätzlich verschiedener Beschaffenheit und also unabhängig voneinander sein.*

73 René Descartes, *Discours de la Méthode,* Hamburg 2011, S. 41.

74 David Hume, *Eine Untersuchung über die Prinzipien der Moral,* Hamburg 2003, S. 6 f.

75 Jürgen Habermas, *Der philosophische Diskurs der Moderne. Zwölf Vorlesungen,* Frankfurt am Main 1985, S. 26.

76 Vgl. Stephan Otto (Hg.), *Geschichte der Philosophie in Text und Darstellung.* S. 72.

77 Siehe dazu ausführlich die Darstellung bei Jürgen Habermas, Jürgen, *Strukturwandel der Öffentlichkeit, 5. A.,* Neuwied und Berlin 1971, Kap. II.

78 Siehe dazu ausführlich die sehr gute Darstellung bei Jürgen Habermas, *Strukturwandel der Öffentlichkeit,* Kap. IV.

79 Friedrich Schiller: „Briefe an den Prinzen Friedrich Christian von Schleswig-Holstein-Sonderburg-Augustenburg (Februar bis Dezember 1793)", in: Klaus L. Berghahn (Hg.), *Friedrich Schiller. Über die ästhetische Erziehung des Menschen in einer Reihe von Briefen,* Stuttgart 2013, S. 137.

80 Schiller: *Briefe an den Prinzen Friedrich,* S. 138.

81 Schiller, Friedrich: „Über die ästhetische Erziehung des Menschen in einer Reihe von Briefen", in: Klaus L. Berghahn (Hg.), *Friedrich Schiller. Über die ästhetische Erziehung des Menschen in einer Reihe von Briefen,* Stuttgart 2013, S. 38.

82 Schiller, *Briefe,* S. 11.

83 Für eine ausführliche Auseinandersetzung mit der Schiller'schen Ästhetik gibt es eine Vielzahl von Abhandlungen zu den *Briefen,* besonders empfohlen sei hier die Schriften von Wilfried Noetzel Humanistische Ästhetische Erziehung. Friedrich Schillers moderne Umgangs- und Geschmackspädagogik, Weinheim 1992.

84 Aufgrund der antithetischen Konzeption bei Schiller ließe sich hier der Begriff der „Aufhebung" auch im Hegelschen Sinne erklären, der diesem Begriff in dreifacher Sinngebung die

Funktion der Vereinigung von gegensätzlichen, sich einander ausschließenden Zuständen zuweist; demnach gehört zu dieser Vereinigung zunächst ein Aufheben im Sinne von Beseitigen (die einseitige, bestimmende Priorität der Sinnlichkeit muss beseitigt werden), sodann ein Aufheben im Sinne von Aufbewahren (trotz Beseitigung der sinnlichen Priorität muss die Sinnlichkeit selbst erhalten bleiben), und schließlich ein Aufheben im Sinne von Hinaufheben (durch die Integration der Sinnlichkeit beginnt der Mensch, sie zu beherrschen, und hat sie insofern in einen höheren Stand hinaufgehoben).- Vgl. Martin Heidegger, *Übungen für Anfänger. Schillers Briefe über die ästhetische Erziehung des Menschen. Herausgegeben von Ulrich von Bülow*, Marbach am Neckar 2005, S. 65.

85 Friedrich Hebbel, „Brief an Fräul. R. vom 1. Oktober 1840" in: Ders.: *Tagebücher. Historisch-kritische Ausgabe von R.M. Werner, Zweiter Band 1840-1844*, Berlin-Steglitz 1904 , S. 69.

86 Schiller, Briefe, S. 88.

87 Siehe dazu auch die sehr guten Ausführungen bei Heidegger: *Übungen*, S. 112-115.

88 Schiller, Briefe, S. 62 f., Hervorhebung im Original.

89 Songtext Paul Simon, zitiert nach Plattencover „Graceland", Warner Bros. Records 1986.

90 Übersetzung zitiert nach Principia, Marco, Homeless – Paul Simon, https://wordsinthebucket.com/homeless-paul-simon (Zugriff 10.02.2018).

91 Vgl. Linda Flower, *The construction of the negotiated meaning. A Social Cognitive Theory of Writing*, Carbondale/Edwardsville 1994, S. 45 f.

92 Friedrich Schiller, „Über das Erhabene", in: Wolfgang Riedel, (Hg.): *Friedrich Schiller. Sämtliche Werke in 5 Bänden, Bd. V*, München/Wien 2004, S. 806 f. (Hervorhebung im Original).

93 Vgl. Friedrich Schiller, „Vom Erhabenen (Zur weiteren Ausführung einiger Kantischer Ideen)", in: Wolfgang Riedel (Hg.): *Friedrich Schiller. Sämtliche Werke in 5 Bänden, Bd. V*, München/Wien 2004, S. 490 ff.

94 Friedrich Schiller, *Über das Erhabene*, S. 794 (Hervorhebung im Original).

95 Vgl. Friedrich Schiller, *Über das Erhabene*, S. 798.

96 Für grundlegende Gedanken zu der in diesem Sinne
    widerständigen Kraft der Kunst siehe zum Beispiel den Vortrag
    „Ist Kunst widerständig?" von Jaques Rancière, Berlin 2008.

97 , und weiter: „Die Freuden der Sinne genießen wir bloß als
    Individuen, ohne daß die Gattung, die in uns wohnt, daran Antheil
    nähme; wir können also unsre sinnlichen Freuden nicht zu
    allgemeinen erweitern, weil wir unser Individuum nicht allgemein
    machen können. Die Freuden der Erkenntniß genießen wir bloß
    als Gattung, und indem wir jede Spur des Individuums sorgfältig
    aus unserm Urtheil entfernen; wir können also unsre
    Vernunftfreuden nicht allgemein machen, weil wir die Spuren des
    Individuums aus dem Urtheile anderer nicht so wie aus dem
    unsrigen ausschließen können. Das Schöne allein genießen wir als
    Individuum und Gattung zugleich.", Schiller, *Briefe*, S. 121.

98 Jürgen Habermas, Jürgen, *Der philosophische Diskurs der
    Moderne*, S. 63. - Dieses Fazit Habermas' blieb nicht unkritisiert.
    So macht Josef Früchtl in *Ästhetische Erfahrung und moralisches
    Urteil. Eine Rehabilitierung* (Frankfurt 1996, S. 424) Habermas in
    Bezug auf dessen Rede von der „Revolutionierung der
    Verständigungsverhältnisse" den Vorwurf einer selektiven
    Leseweise der Schiller'schen Ästhetik, da der Gemeinsinn-
    Gedanke bei Schiller keinen zentralen Stellenwert mehr
    einnehme. Dieser Vorwurf kann aber vor allem so verstanden
    werden, dass der Gemeinsinn-Gedanke bei Schiller seine
    spezifisch ästhetische Bedeutung verliert, dadurch aber gerade
    seine Relevanz für den ethischen Bereich (wieder) gewinnt; so
    betont auch Früchtl, dass Schiller den geselligen Aspekt von der
    Kantischen ästhetischen Einengung befreit und ihm dadurch eine
    „diffuse" Wirkung zuschreibe; nun ist es aber gerade diese diffuse
    Wirkung, die als funktionale Schnittstelle von Ästhetik hin zur
    Ethik angesehen werden kann. Anders gesagt: wenn auch der
    Fokus der Schiller'schen Briefe auf der Balance von Vernunft und
    Gefühl liegt, auf der Beschreibung der interesselosen und damit
    befreienden Kraft des schönen Scheins, so liegt doch ihr erstes
    zentrales, ethisch wirksames Moment in ihrer diskursiven Kraft:
    die Verbindung von Sinnlichkeit und Moralprinzipien eröffnet
    dem Individuum die gesellschaftliche, die Interessen Anderer
    einbeziehende Perspektive; Kunst ist nicht nur widerständig,

insofern sie gesellschaftliche Normen in Frage stellt, sondern gleichzeitig schafft sie durch „jenes ethische Grundmotiv der »gegenseitigen Schonung« und des »Respekts«" (Wilfried Noetzel, *Humanistische Ästhetische Erziehung, S.* 110) die Grundlage für diskursive Normenverhandlung im Sinne der Habermas'schen Diskursethik, unter Berücksichtigung der Interessen aller potenziell von den Normen Betroffenen.

99   Friedrich Nietzsche, „Die Geburt der Tragödie", in: Ders., *Die Geburt der Tragödie und ihr zugeordnete Schriften aus dem Nachlass*, 9. A., hg. von Bernhard Greiner, Stuttgart 2014, S. 42.

100 Ebd., S. 65.

101 Ebd., S. 68.

102 So sagt Nietzsche mit Bezug auf Schopenhauer ebd., S. 23.

103 Vgl. Jürgen Habermas, *Der philosophische Diskurs der Moderne.*, S. 116.

104 Nietzsche, *Die Geburt der Tragödie*, S. 79.

105 Ebd., S. 111.

106 Ebd., S. 112.

107 Schiller, *Briefe*, S. 30.

108 Albert Camus, *Der Mythos von Sisyphos. Ein Versuch über das Absurde*, Hamburg 1993, S. 23.

109 Camus nimmt diese Definition vom Menschen, der sich der Absurdität des Lebens bewusst wird und dieses Leben explizit annimmt und lebt, als eines glücklichen Menschen implizit vor am Beispiel des Mythos des Sisyphos: dieser, von den Göttern auf Ewigkeit zu der nutzlosen Tätigkeit verdammt ist, täglich einen Felsblock in mühevoller Kraftanstrengung einen Berg hinaufzuwälzen, nur um ihn am Abend wieder hinabrollen zu sehen und die Kraftanstrengung am folgenden Tage erneut zu beginnen, ist sich dieses Schicksals bewusst und lebt dieses Schicksal dennoch in einem Gefühl der Freiheit und der Selbstbestimmung: „Wir müssen uns Sisyphos als einen glücklichen Menschen vorstellen." (Ebd., S. 101).

110 Ebd., S. 50.

111 Vgl. Peter Sloterdijk, *Kopernikanische Mobilmachung und ptolemäische Abrüstung. Ästhetischer Versuch*, Frankfurt am Main 1987, S. 40.

112 http://www.handelsblatt.com/unternehmen/it-medien/lukratives-

buch-wie-sarrazin-millionaer-wurde/6647994.html

113 Thilo Sarrazin, *Deutschland schafft sich ab. Wie wir unser Land aufs Spiel setzen*, München 2012, S. 11.

114 Unter den zahlreichen Publikationen, die sich mit den dubiosen Quellen des von Sarrazin herangezogenen Zahlenmaterials, die zum Teil von rechtsextremen Organisationen veröffentlicht wurden, und mit der ideologisch motivierten Auslegung von Fakten beschäftigen, sei exemplarisch empfohlen v.a. die Studie von Michael Haller und Martin Niggeschmidt (Hrsg.): *Der Mythos vom Niedergang der Intelligenz: von Galton zu Sarrazin ; die Denkmuster und Denkfehler der Eugenik*, Wiesbaden 2012. Sehr konkrete Beispiele für die tendenziöse Zahlenaufbereitung Sarrazins gibt auch Naika Foroutan (Hrsg.), *Sarrazins Thesen auf dem Prüfstand. Ein empirischer Gegenentwurf zu Thilo Sarrazins Thesen zu Muslimen in Deutschland*, Humboldt-Universität zu Berlin 2011.

115 Sarrazin, *Deutschland schafft sich ab*, S. 123.

116 Siehe ausführlich Max Scheler, Das Ressentiment im Aufbau der Moralen, Frankfurt/M. 2004.

117 Avishai Margalit, Politik der Würde. Über Achtung und Verachtung, Berlin 1997.

118 Eine Diskussion der Angemessenheit der gesellschaftlichen Ziele ist damit freilich noch nicht verknüpft.

119 Vgl. dazu auch die Ausführungen bei Wolfgang Welsch, *Ästhetisches Denken*, Stuttgart 2010, S. 56 ff.

120 Vgl. Welsch, *Ästhetisches Denken*, S. 14.

121 Ein besonders menschenverachtendes Beispiel dieser Denkart lieferte im Frühjahr eine Hotelbesitzerin aus Cuxhaven, die den Anblick übergewichtiger Menschen als „diskriminierend" bezeichnete und als Gäste in ihrem Hotel ablehnte; https://www.butenunbinnen.de/nachrichten/gesellschaft/hotel-keine-schweren-menschen-cuxhaven-100.html, Aufruf am 8.6.2020.

122 Vgl. Philipp Reichert, *Jetzt wehrt sich Kandel*, in: ZEIT Online, http://www.zeit.de/gesellschaft/zeitgeschehen/2018-03/kandel-rheinland-pfalz-rechtsextreme-demonstrationen (Zugriff 24.03.2018).

123 Absurd ist hier allein schon die Wortwahl: dem Mensch wird seine

Autonomie dadurch genommen, dass die Technik für ihn die
Steuerung übernimmt. Angesichts dessen verlässt der Mensch mit
der Begriffsverwendung „autonomes Fahren" seine eigene
Perspektive und übernimmt die der Technik.

124 Arno Widmann, „Brennende Kaufhäuser - beginnende Revolte",
in: Frankfurter Rundschau Online,
http://www.fr.de/politik/zeitgeschichte/die68er/osterunruhen-
1968-brennende-kaufhaeuser-beginnende-revolte-a-1477418
(Zugriff am 2.4.2018)

125 Vgl. Deutsche Welle, http://www.dw.com/de/tausende-
teilnehmer-bei-osterm%C3%A4rschen/a-18361681, Aufruf am
21.04.2018.

126 Vgl.
http://www.luftwaffe.de/portal/a/luftwaffe/start/archivneu/2015/j
un/!
ut/p/z1/hY_RC4IwEMb_I2_TNH10rKgwkQzTvcRwwwzbZCzpo
T—SeBbdA8f3Pfd_Y4DBjUwxae-47bXig-
ub1h0JXF2zvzE96l_DFGaHspNXpEAJRgquPwbYS5GPypFUAo
JjWOsfzKKFZTAgAnptVpJO6uVyvZOO8OtNt6ojR3m5GmMS
7xeQIMwJShaTuF3Uu-
ymmIc0D05zcA7n_hr2eXt_DQ0N67EIAvdpl9jfGzjPA-7D--
8ioE!/dz/d5/L2dBISEvZ0FBIS9nQSEh/#Z7_B8LTL2922D2M50
AAJSENVB30P4, Aufruf am 21.04.2018

127 Vgl. Birgit Kuhn/ Jürgen Brück, *Bionik. Der Natur abgeschaut*,
Köln (o. Jahresangabe), S. 84.

128 Vgl. https://www.welt.de/vermischtes/article175376103/Bremer-
Gymnasium-Schulleiterin-klagt-dagegen-behinderte-Schueler-
aufnehmen-zu-muessen.html, abgerufen am 21.01.2019

129 Vgl. Viktor E. Frankl, „...trotzdem Ja zum Leben sagen", in: Ders.:
*Gesammelte Werke Bd. I: ...trotzdem Ja zum Leben sagen Und
ausgewählte Briefe (1945-1949)*, Hg. v. Batthyany, Alexander/
Biller, Karlheinz/ Fizzotti, Wien/Köln/Weimar 2005, S. 92.